BEN REDELINGS

# FUSSBALL
## DIE LIEBE MEINES LEBENS

VERLAG DIE WERKSTATT

Fotonachweis

Imago: 59, 74, 104.
Artur Binkowski: 10. Oliver Wurm: 12. Gerrit Starczewski: 16, 83, 116, 152.
Ralf Piorr: 21. Oli Hilbring: 26, 136. Peter Müller: 28, 31. Jan-Hendrik Gruszecki: 55.
Kai Traemann: 60, 62. Frank Goosen: 76. Stephan Oesterwalbesloh: 79. Tim Kramer: 88, 164.
Matthias Bongard: 92, 95, 99. Arnd Zeigler: 112, 114, 115, 148. Achim Bogdahn: 128, 132.
Matthias Koch: 139. Micky Beisenherz: 144, 147. Michael Schlotfeldt: 148, 149. Nicola Bräunling: 149.

Nicht in allen Fällen konnte die Urheberschaft an den Fotos ermittelt werden.
Der Verlag bittet um entsprechende Hinweise, um berechtigte Ansprüche abzugelten.

Bibliografische Information der Deutschen Nationalbibliothek:
Die Deutsche Nationalbibliothek verzeichnet diese Publikation
in der Deutschen Nationalbibliografie; detaillierte bibliografische Daten
sind im Internet über http://dnb.d-nb.de abrufbar.


Lotzestraße 22a, D-37083 Göttingen
www.werkstatt-verlag.de

Illustrationen: Dirk Mederer
Satz und Gestaltung: Dirk Mederer, Die Werkstatt Medien-Produktion GmbH
Druck und Bindung: Grafisches Centrum Cuno, Calbe

ISBN 978-3-7307-0417-2

FÜR PAPA – UND ALL DIE ANDEREN, AN DEREN HAND WIR DAS ERSTE MAL ZUM FUSSBALL GINGEN. DANKE!

DIESES BUCH GEHÖRT

FAN VON

FAN SEIT

LIEBLINGSSPIELER

ERSTER STADIONBESUCH

MITGENOMMEN VON

MEIN EIGENER FUSSBALLSTICKER →

DIE FARBEN MEINES VEREINS →

# RUBRIKEN

FANS

LEGENDEN

HERZENSGESCHICHTEN

LEIDENSCHAFT

SCHATZKÄSTCHEN

»LIEBE MACHEN UND TORE SCHIESSEN SIND DIE SCHÖNSTEN DINGE, DIE GOTT UNS GEGEBEN HAT.«

LUCA TONI

# FUSSBALL UND DIE LIEBE

»Man sagt ja, dass man die Frau verlassen kann, die Kinder auch, aber nie diese erste große außerfamiliäre Liebe, die zu seinem Fußballverein.«

MARCEL REIF

»In meinem Leben spielen drei Dinge eine wichtige Rolle: Fußball, Bier und Frauen. Und zwar genau in dieser Reihenfolge!«

ROD STEWART

»Wenn wir verloren haben, hat meine Braut Pech gehabt. Da gab's auch keinen Kuss!«

RICHARD HOFMANN

»Einen Ball muss man streicheln wie seine eigene Frau.«

CRISTIANO RONALDO

»FUSSBALL IST NICHT GOLF ODER POLO
FÜR DIE VIPS, FÜR DIE ELITE.
FUSSBALL IST DER SPORT DER NORMALEN LEUTE,
ER IST EIN SPORT FÜR DIE MASSEN.
ES SOLLTE KEIN PRIVILEG SEIN, ALLEINE,
MIT SEINEN KUMPELS, SEINER FREUNDIN,
SEINER FRAU ODER SEINEN KINDERN
ZUM FUSSBALL ZU GEHEN.
DER FUSSBALL SOLLTE FÜR ALLE DA SEIN.«

SLAVEN BILIC, TRAINER UND EX-NATIONALSPIELER

ACBG

## OLIVER WURM, JOURNALIST & MEDIENUNTERNEHMER
## LIEBLINGSVEREINE: HSV UND VFB STUTTGART
## LIEBLINGSSPIELER: DIEGO MARADONA

Ich war sieben Jahre jung und selbst für dieses zarte Alter deutlich zu klein. Eine E-Jugend gab es in meinem Heimatverein, dem SV Ottfingen im Sauerland, nicht. Da ein Arbeitskollege meines Vaters die D-Jugend betreute, durfte ich dort mittrainieren. Ein ganzes Jahr lang verpasste ich nicht eine einzige Einheit. Vor dem letzten Spieltag sagte der Trainer: »Du bist am Samstag im Kader. Als Belohnung.«

Wie eine Million anderer Kinder streifte ich das Trikot am Spieltag mit dem Aufwachen über. Die kurze Hose endete unterhalb der Knie und flatterte über den Stutzen. Die Ärmel des Trikots hat meine Mutter rund siebenmal umgekrempelt. Mein Spitzname zur der Zeit – und in der Heimat hält er sich bis heute: »Klein Olli.«

Wenige Sekunden vor Abpfiff, der Gast aus Schreibershof führte 1:0, rief unser Trainer vor einer Ecke: »Schiri, wir wechseln!« Und dann: »Komm, ›Klein Olli‹ – rein.« Über die dann folgende Minute könnte ich ein dickes Buch schreiben.

Ecke von links, auf unser Heimtor. Ich stehe, etwas verloren und unbeachtet, auf Höhe des ersten Pfostens, rund sechs Meter vor dem Tor. Die Ecke segelt hoch rein. Aus einem Getümmel im hinteren Fünfmeterraum kommt die Kugel plötzlich zurück. Und rollt direkt vor meine Füße. Ich mache einen kurzen Schritt und trete mit dem stärkeren rechten gegen den Ball. Der fliegt gegen den linken Innenposten, von dort ins Tor. 1:1! Es war meine allererste Ballberührung im allerersten Pflichtspiel. Und auch, wenn das trauriger klingt, als es ist: Eine schönere gab es nie wieder.

Ich schaute auf den Platz, wo mein Vater kurz zuvor stand. Er war schon gegangen. Ganz oft haben wir uns diese Geschichte erzählt. Wie er, auf dem Parkplatz angekommen, den Jubel hörte, ein paar Meter zurück aufs Gelände ging und unserem Torwart »Dorni« zurief: »Wer hat's gemacht?« Und der zurückbrüllte: »Euer Olli.« Ich wünschte, ich hätte sein Gesicht gesehen.

Ein Versprechen auf die Zukunft war das Tor nicht. Die Geburt eines Torjägers schon gar nicht. Aber es waren 60 zauberhafte Sekunden meiner Kindheit, die ich nie vergessen werde.

Danke, Fußball! Auch für den Rest, der folgte.

# PERLEN
# DES KREISLIGA-FUSSBALLS

1. »Der hat schon Gelb!«
2. »Wir müssen morgen alle wieder arbeiten.«
3. »Schiri, jetzt wird es aber langsam offensichtlich.«
4. »Ey, das ist kein Rot mehr. Das ist Knast!«
5. »Die haben mindestens fünf aus der Ersten dabei.«
6. »Nimm du ihn … ich hab' ihn sicher.«
7. »Schiri, komm, pfeif ab, zu Hause steht schon das Essen auf dem Tisch!«
8. »Hoch und weit bringt Sicherheit.«
9. »Schmeiß 'ne Scheibe Toast hinterher: Der Ball verhungert, bis er ankommt!«
10. »Putz dir die Zähne, morgen ist Pferderennen!«
11. »Das Schöne ist: Wir können wieder nach Hause fahren – die müssen hier bleiben.«

»Eigentlich wäre ich lieber du«, mag Herbert Grönemeyer in diesem Augenblick denken. Hier steht er zusammen mit seinem Kindheitsidol, dem Aufstiegshelden des VfL Bochum von 1971, Hans Walitza.

**»MEIN TRAUM WAR EIGENTLICH SOWIESO IMMER, FUSSBALLER ZU WERDEN, NICHT POPSTAR. EINMAL EINGEWECHSELT WERDEN VOR 50.000, DANN EIN GUTER TRICK. DAVON TRÄUME ICH HEUTE NOCH.«**

HERBERT GRÖNEMEYER, DAMALS 36, SÄNGER

# KINDHEITSERINNERUNGEN

Helmut Rahn war immer für einen Scherz zu haben. Nach dem WM-Gewinn 1954 hatte sich der Essener Jung sogar in einer Schubkarre durch seine Heimatstadt fahren lassen – mit einem Schild in der Hand: »Wer will ein Kind vom Weltmeister?« Einige Jahre später ließ sich Rahn allerdings auf eine noch viel spektakulärere Aktion ein. Der »Boss« wettete gegen die Altherrenmannschaft des FC Schalke 04, dass er auf einem Pferd in die Gaststätte des Gelsenkirchener Bäckermeisters Neumann reiten und auf dem Ross sitzend ein Pils trinken könne. Doch die Kollegen warteten vergeblich in der Kneipe. Erst am späten Nachmittag ging das Telefon – am Apparat Helmut Rahn: »Trotz meiner guten Beziehungen gelang es mir nicht, auf der Trabrennbahn ein Pferd aufzutreiben.« Anstandslos zahlte er 300 DM in die Schalker Mannschaftskasse.

Gregor Grillemeier, von Duisburg nach Essen zum Zweitligisten Rot-Weiß transferiert, büßte bei einer harten Attacke seines Gegenspielers Schneidezähne ein. Drei Essener Fans erklärten sich daraufhin sofort bereit, Schorsch einen Satz neuer „Beißer" zu spendieren. Damit er wieder „bissig" wird!

# KEIN TRIKOT VON DER STANGE!
## ICH BIN FÜR ENGLAND.

11 FREUNDE
BUNDESLIGA
2010/11

11 FREUNDE
BUNDESLIGA
SONDERHEFT

11 FREUNDE
grand
heft
Liga

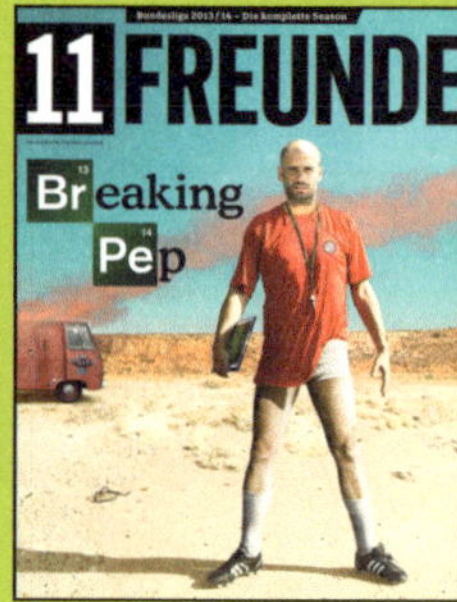
11 FREUNDE
Breaking
Pep

GROSSER BUNDESLIGA BAND MMXIV|XV
11 FREUNDE
Streit um die Schale

11 FREUNDE
BUNDESLIGA
15 16 SONDERHEFT

11 FREUNDE
Bundesliga-Sonderheft
SAISON
2016 2017
Die elf großen ???
und der verfluchte Bulle
und die gefährliche Erbschaft
und die verschwundenen Stars

11 FREUNDE
BAYERNWATCH
Bundesliga
Sonderheft
2017|18

11 FREUNDE
DIE ABENTEUER VON
AKI UND ULI
REISEZIEL SCHALE
BUNDESLIGA
SONDERHEFT

*»Und dann waren 10.000 Leute im Stadion und wir verloren 2:1.
Man sah erwachsene Männer schluchzen,
junge Spieler fielen auf den Rasen und wurden getröstet.
Und dann komme ich nach Hause, und da sitzt eine Dame aus dem
Literaturkreis meiner Mutter und fragt: »Wie haben sie denn gespielt?«
Da meinte ich: »WIR haben verloren!«
Da sagt die blöde Kuh: »Wieso DU? Hast du mitgespielt?«
Und dann lachten sie hässlich. Meine Mutter und die Literaturtante.
Da bin ich doch relativ deprimiert in mein Zimmer marschiert
und hatte Massenmordfantasien.«*

(Aus dem Film: »Warum halb vier? Oder die Liebe zum Fußball«)
PHILIPP KÖSTER, GRÜNDER DES MAGAZINS »11FREUNDE«

HSV-Fans hatten diesen Begriff fast vergessen ...
Schatz, endlich mal wieder 'n Dreier.
Au ja! Soll ich den Hans anrufen?
3:2
FCA
HSV
HSV

# ENDLICH EIN DREIER!

*»Bielefeld wartet seit acht Spielen auf einen Dreier.
Man könnte jetzt sagen, manche warten ein Leben lang drauf!«*
SKY-MODERATORIN CHRISTINA GRAF

»Hallo, wir suchen jemanden,
der Interesse an einem Dreier hat.
Wir sind ein Mann und
suchen zwei Frauen.«

CHIFFRE: LIEBESSPIELER69

JAKO
WIR HELDEN
MASITA

## PETER MÜLLER, JOURNALIST
## LIEBLINGSVEREIN: »EIN JOURNALIST DARF DOCH KEINEN LIEBLINGSVEREIN HABEN…«
## LIEBLINGSSPIELER: ERWIN KREMERS

Ein scheinbar ganz normaler Samstag, auf dem Plan steht am Nachmittag ein Ü40-Auswärtsspiel.

Zwei Jungs schleppen sich krank zum Treffpunkt und bitten darum, draußen bleiben zu können. Dann wären wir genau elf Mann. Einer fragt: »Wo spielen wir heute?« Typisch. Die alten Säcke wollen pölen, bis sie der Arzt vom Platz holt, aber der Gegner ist nebensächlich. An diesem Samstag treffen wir auf eine Spielgemeinschaft aus zwei Vereinen. Neue Frage: »Auf wessen Platz wird denn gespielt?« Einer glaubt es zu wissen, packt sein Auto mit Spielern voll und fährt los. Zum falschen Platz.

Genau zum Anpfiff betreten die zu spät Gekommenen das Feld. Unser Käpt'n hat bei der Seitenwahl den Schiedsrichter beruhigt. Leider dauert es in der Kabine, denn da machen sich ja lauter potenzielle Verbandsligaspieler startklar – hier ein Verband, da ein Verband.

Warmmachen? Hätte nur Kraft gekostet. Ein Problem ist allerdings dieser gegnerische Stürmer, der nach dem Anstoß losrast, als verfolge ihn ein

Wespenschwarm. »Hömma, Junge, was hast du vor?« Seine Antwort klingt einleuchtend: »Ich geb' am Anfang Vollgas für einen guten Eindruck. Ich hab' nur Luft für fünf Minuten.« Aber deshalb die Karriere beenden? Kommt nicht infrage.

Als ich erstmals ein Altherrenspiel sah, war ich circa acht Jahre alt. Aber ich hatte ein Idol: Onkel Theo. Er war Torhüter und sah aus, wie Torhüter in den 60er-Jahren aussehen mussten. Schwarze Kluft über dem Wohlstandsbauch. Knieschoner wie Ballons. Handschuhe wie Bärentatzen. Fußballschuhe mit Stahlkappen. Schlägerpanne auf dem Kopf. Und wer genauer hinschaute, entdeckte neben dem Pfosten ein Fläschchen Bier.

Tief enttäuscht war ich, als ich mein erstes Tütchen mit Fußballbildern aufriss. Klaus Fichtel posierte mit Fuß auf dem Ball, Lothar Emmerich hockend, aber: Da fehlte Onkel Theo. Was wusste ich schon von Profi- und Amateurfußball, er war mein Held. Zwischen den Wäschestangen im Garten warf er sich spektakulär nach meinen ersten Schussversuchen.

Onkel Theo erklärte mir früh, wie lange ein Altherrenspiel dauert. »Rund um die Uhr.« Tante Irmgard fragte nicht nach: Onkel Theo ging samstags um 14 Uhr mit der Sporttasche aus dem Haus, und er kam nachts um zwei Uhr zurück.

An diesem Samstag ist der Ball eine Pflaume, der Aschenplatz eine Zumutung – nichts klappt. Unser Mittelstürmer beruhigt mich: »Junge, es gibt solche Jahrzehnte, da läuft es einfach nicht.«

Die 1:3-Niederlage trinken wir uns mit ein paar Bierchen schön. Onkel Theo wäre stolz. Wo spielen wir nächste Woche? Zu Hause? Karlchen, über 70 und unser Schiedsrichter bei Heimspielen, meldet sich zurück, sein Arm mache ihm keine Probleme mehr. »Und der Arzt hat mir nicht mal Korrosion gespritzt!«

# SCHILD IN EINEM BETRIEBSBÜRO

# TURNIERPLANUNG

**Feuerwehr Osnabrück**
2 Std. ·

Aus hinlänglich bekannten Gründen möchten wir sie bitten, heute von ca. 16-18.00 Uhr:

- Extrem vorsichtig zu fahren
- Nicht zu kochen (Chips und Erdnüsse sind auch sehr nahrhaft)
- Die Katze einzusperren. Oder den Baum im Garten noch schnell zu fällen.
- Sich körperlich besonders zu schonen. Soll ja auch warm werden heute.
- Den Haustürschlüssel nicht zu verlieren.
- Das Unkraut unter der Hecke nicht abzuflämmen
- Nach dem Tanken den Tankdeckel extra fest zuzudrehen
- Die Kippe nicht in das trockene Unterholz am Waldrand zu schnipsen
- Das schmerzende Knie noch heute morgen dem Hausarzt zu zeigen.

Außerdem fänden wir das echt gut, wenn sie noch schnell die Batterien im Rauchmelder wechseln und den Wasseranschluss der Waschmaschine kontrollieren könnten.

Gefällt mir   Kommentieren   Teilen   Buffer

Vor dem WM-Spiel Deutschland gegen Südkorea 2018. Anstoß 16 Uhr

STYLE

## Ein Fan-Schal geht ja jetzt nicht nur im Stadion, aber worauf ist beim Styling zu achten, damit man nicht als Hooligan gilt?

**Volltreffer! Unser Fashion-Director Yilmaz Aktepe erklärt Ihnen, warum dieser Stil jetzt so angesagt ist:**
„Bei dieser Frage kann ich beruhigen: Durch die verwendeten Designerlogos, die groß jeden Fan-Schal zieren, ist eine Verwechslung mit einem Hooligan so gut wie ausgeschlossen. Also greifen Sie ruhig zu einem dieser XL-Schals, der rebellische Look boomt nämlich gerade. Dominiert wird er von Marken wie etwa Reebok mit ihren Sneakern, Stone Island mit wasserabweisenden Windbreakern, Ellesse mit sportlich-stylishen Tracksuits – übrigens allesamt auch Favoriten der englischen Ultras namens Casuals, die Ende der 70er-Jahre ihren politischen Unmut mit einem neuen Kleidungsstil ausdrückten."

»Men's Health« im Januar 2018

# ALLES KOMMT WIEDER!

Peter Közle im VfL-Trikot 1997

Burberry-Kollektion 2018

# JAHRESSPLITTER 2015

## DIE AUFFORDERUNG DES JAHRES

Amateurfußballer zum Mitspieler in der Halbzeitpause: »Mach das, was du kannst – geh duschen!«

## DER WITZ DES JAHRES

Erzählt vom ehemaligen FIFA-Mediendirektor Walter de Gregorio: »FIFA-Präsident Sepp Blatter, sein Kommunikations-Chef und der Generalsekretär sitzen im Auto. Wer fährt? Die Polizei!«

## DIE FRAGE DES JAHRES

Sie wurde dem Hannoveraner Bundesligaprofi Manuel Schmiedebach gestellt, nachdem er sich bei schönem Wetter spontan einer Bolzplatzgruppe angeschlossen hatte: »Spielst du eigentlich im Verein?«

## DIE BESTELLUNG DES JAHRES

Von einem Amateurtrainer, dessen Spieler beim Versuch, einen Ball zu erreichen, über die Linie hinauslief: »Bring 'ne Currywurst mit!«

zusammengestellt von Peter Müller

**Wolff Fuss** @WolffFuss · 2 Min.

Generöser Eisverkäufer 😅...

3 16

# LIEBER LEON GORETZKA,

der VfL sagt herzlichen Glückwunsch zum »Tor des Monats«!

Dass du die Auszeichnung für deinen wunderbaren Treffer erhalten hast, hat uns eigentlich nicht überrascht. Umso mehr überraschte uns aber deine Aussage in der ARD-Sportschau, dass du den Wunsch verspürst, dem VfL Bochum »irgendwann noch einmal etwas zurückgeben zu wollen«.

Leon, wir kennen dich beim VfL ja nun schon seit ein paar Jahren. Und wir wissen, dass du nicht nur ein Spieler mit riesigem Talent, sondern auch ein Mensch mit großem Herz bist. Als du und deine Eltern vor der Entscheidung standen, ob du mit 18 Jahren einen Profivertrag in Bochum für die zweite Liga unterschreiben solltest, hättest du da bereits mit Kusshand ein wenig später ablösefrei zu vielen internationalen Topvereinen wechseln können. Du hast es nicht gemacht. Stattdessen hast du einen mehrjährigen Vertrag beim VfL unterschrieben, weil du deinem Heimatverein etwas zurückgeben wolltest. Es gibt im Profifußball nicht so fürchterlich viele Menschen, die ganz bewusst auf Geld verzichten, um ihrem Jugendverein auf diesem Wege für die Ausbildung zu danken. In Bochum würden wir sagen: ehrliche Haut.

Natürlich konnte es damals im Ruhrpott nicht jeder verstehen, wie ein Bochumer Junge dann ein Jahr später vom VfL Bochum ausgerechnet zu Schalke 04 wechseln konnte. Was viele damals allerdings nicht wissen konnten: Der VfL steckte zu dieser Zeit in einer seiner schwersten finanziellen Krisen. Und auch wenn die Worte für einen bescheidenen Menschen wie dich etwas groß wirken mögen: Du hast den VfL damals sozusagen im Alleingang finanziell gerettet. Und das werden wir an der Castroper Straße niemals vergessen. Wenn hier also irgendjemand mal irgendwann etwas zurückgeben muss, dann ist es nicht Leon Goretzka, sondern der VfL Bochum.

Und ganz egal, wohin deine Reise nun als Nächstes geht, ob Barcelona, Bayern oder doch Schalke: Spiel eine grandiose Karriere! Gewinne haufenweise Titel und noch viel, viel wichtiger: Bleib gesund!

Und wenn du dann ganz am Ende deiner Karriere noch Sehnsucht nach der Ostkurve, Grönemeyer und einem Stadion ohne Schiebedach verspürst, dann sehen wir gemeinsam weiter. Der VfL wird immer einen Weg finden, wie er sich bei einem echten Bochumer Jungen bedanken kann.

Glückauf, Leon! Dein VfL

# NAMEN I

**Arminia-Bielefeld-Fan nennt seine Tochter Arminia. Das Besondere: Im Bekanntenkreis wurde gerade ein Junge geboren – mit dem Nachnamen Bielefeld!**

Der »kicker« berichtete einmal von zwei äußerst verrückten Fans des englischen Fußballs. Der eine war Anhänger des Drittdivisionärs Sheffield United und wollte seinem neugeborenen Sohn alle Vornamen der elf Stammspieler seines Lieblingsklubs geben. Das jedoch wusste seine Frau zu verhindern und reduzierte die lange Liste auf zwei Spielernamen. Dafür durfte der Mann dann aber den Kapitän des Teams als Taufpaten engagieren.

Aus Frust wollte ein anderer verrückter Fan seinen Sohn »Relegation« nennen. Das bedeutet im Englischen Abstieg. Und da sein Verein gerade mal wieder mitten im Abstiegskampf steckte, erschien ihm der Name sinnvoll. Doch das wurde nicht gestattet. Jedoch eine andere Variante. Und so heißt der Junge nun mit Vornamen: Relly Gation.

Vorname wie Liverpool-Hymne

**Fußballfan nennt seine Tochter Ynwa - You'll never walk alone**

# FAN WERDEN. SO PASSIERT ES.

»ICH VERLIEBTE MICH IN DEN FUSSBALL,
WIE ICH MICH SPÄTER IN FRAUEN VERLIEBEN SOLLTE:
PLÖTZLICH, UNERKLÄRLICH, UNKRITISCH UND OHNE EINEN GEDANKEN
AN DEN SCHMERZ UND DIE ZERRISSENHEIT ZU VERSCHWENDEN,
DIE DAMIT VERBUNDEN SEIN WÜRDEN …«

NICK HORNBY

*»Mein Name ist Waltraud Hamraths,
alle nennen mich Walli.
Ich bin Mönchengladbacher und
habe nie einen anderen Verein gehabt.
Schon als junges Mädchen war ich Groupie,
die anderen auch.
Ich würde niemals einen anderen Verein nehmen,
denn Borussia ist Mönchengladbach
und Mönchengladbach ist meine Heimat.
Also ist auch der Fußballverein meine Heimat.«*

»MEIN VEREIN. BORUSSIA MÖNCHENGLADBACH«, WDR

# SO EIGENTLICH NICHT!

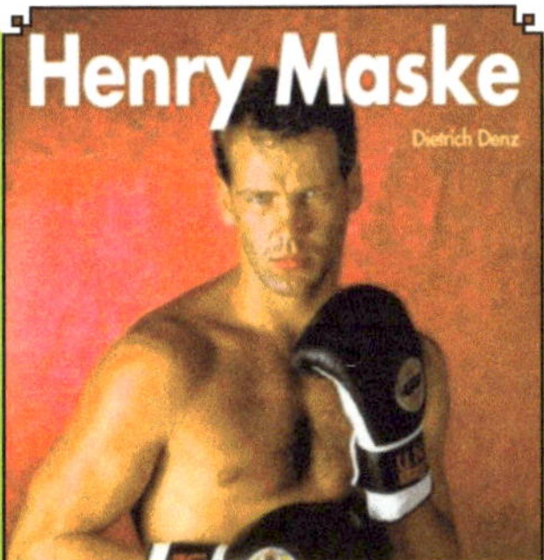


Henry Maske, seit wann sind Sie Fan von Bayer Leverkusen?

Seit ich 1999 in der BayArena eine McDonalds-Filiale eröffnet habe.

SportBild

Großer Fan-Test

Welcher Verein ist der richtige für mich?

Manni Breuckmann
Mein Leben
als jugendlicher
Draufgänger
5 CDs
6 Stunden
MATTSCHEIBE
MEDIA GmbH

## MANNI BREUCKMANN, FUSSBALLREPORTER
## LIEBLINGSVEREIN: SCHALKE 04
## LIEBLINGSSPIELER: LIONEL MESSI
## (UND EDI GLIEDER NATÜRLICH!)

Liebe und Leid sind siamesische Zwillinge. Selbstverständlich gilt das auch für die ewige Liebe zum Fußball.

Mein allererstes schweres Fußball-Herzeleid geschah mir im zarten Alter von elf Jahren, anlässlich der Fußballweltmeisterschaft 1962 in Chile. Da war ich engagiert dabei, allerdings nur vor dem Radio. Das Turnier 1958 hatte ich als Siebenjähriger nur zur Kenntnis genommen. In Chile wurde schwacher Fußball geboten und das vielleicht brutalste Spiel aller Weltmeisterschaften: Bei der Partie zwischen Chile und Italien traten enthemmte Spieler auf alles, was sich bewegte, und gingen sich sogar gegenseitig an die Gurgel.

Deutschland, bei der letzten WM unter Sepp Herberger, spielte ungewöhnlich defensiv, erreichte aber durch zwei Siege gegen Chile und die Schweiz sowie ein Unentschieden gegen Italien holprig die Runde der letzten acht. Der Gegner im Viertelfinale hieß Jugoslawien.

Das Fernsehen war damals noch nicht in der Lage, Live-Bilder aus Südamerika zu senden. Es gab zwei Tage später Aufzeichnungen der Spiele.

So saß ich vor dem Radio und hörte mir die knarzende und rauschende Übertragung an. Reporter war der legendäre Rudi Michel vom Südwestfunk, der später ein Abo auf die Live-TV-Spiele der Nationalmannschaft hatte. Ich sehe mich noch heute vor unserem alten Grundig-Empfänger sitzen, der mit einem goldenen Stoffbezug dekoriert war und den ein grün leuchtendes sogenanntes magisches Auge zierte, das die Klarheit des Empfangs signalisierte.

Deutschland, auf dem Papier mit Spielern wie Haller, Schnellinger, Seeler und Schäfer glänzend besetzt, ging erneut sehr abwartend zur Sache. Tore fielen lange nicht. Die Verlängerung nahte, als in der 86. Minute ein Spieler namens Radakovic nach einer Hereingabe von rechts den Ball mit einem Gewaltschuss aus elf Metern ins deutsche Tor drosch. Radakovic!

Ich habe ihn verflucht und mir den Namen auf ewig gemerkt. Radakovic schickte meine deutschen Fußballhelden im Viertelfinale nach Hause. Ich weiß nicht, ob einer der deutschen Spieler danach geweint hat. Aber der elfjährige Manni in der Zechengemeinde Datteln saß vor dem Radio-Empfänger und heulte wie der berühmte Schlosshund. Und war auch nicht durch die Aussicht auf die Geburtstagsgeschenke am nächsten Tag zu trösten. Mama führte mich ins Schlafzimmer. Ich war am Boden zerstört.

So richtig geweint habe ich später wegen eines Fußballspiels nicht mehr. Ich war allerdings oft nah dran. Beispielsweise, als Schalke am 19. Mai

2001 der Meistertitel gestohlen wurde. Aber auch mal vor Rührung: Als die sympathischen Dänen, aus dem Urlaub ins Turnier geworfen, Europameister 1992 wurden.

Die nächsten Tränen kommen bestimmt. Vielleicht, wenn Schalke mal Deutscher Meister wird. Falls nicht schon vorher mein Ableben zu beklagen ist.

kicker stellt vor:

Deutschland

Er möchte originell sein: Manfred Breuckmann.

Manfred Breuckmann

**Eishockey ist seine stille Liebe**

Er findet es unausstehlich, wenn Rundfunkreporter den „Charme einer japanischen Reismatte" versprühen und mit umfangreichen Statistiken mehr zur Langeweile als zur Unterhaltung der Zuhörer beitragen. Nein, Manfred Breuckmann (36), seit 1982 Redakteur beim Westdeutschen Rundfunk, hat andere Ideale. Originell möchte er sein, unterscheidbar von anderen, um nicht im „Einheitsbrei" des Rundfunks unterzugehen. So, wie früher Sammy Drechsel. „Der ist zwar sehr oft angeeckt, war aber ganz unverwechselbar. Schade nur, daß er beim Bayerischen Rundfunk gearbeitet hat."

Schon während seines Jura-Studiums, an den Universitäten

# LEGENDÄRE FILMSZENEN

»Steh auf, Mädchen. Bist doch selbst schuld.
Warum musst du auch deinen blöden Schwanz in meinen Ball reinhalten. Jetzt kriech vom Platz, ich will weiterspielen.«

»Hey, pass mal auf, Medusenkopf,
dass DU hier nicht gleich vom Platz kriechst.«

»Was ist los, Fotzengesicht?
Ich trete dir gleich mal mit meinen Stollen innen Arsch,
dann scheißt du nur noch Spaghetti. Is das klar?«

»Ja, echt. Zeig mal!«

*Schiri greift ein.*

»Kartoffelficker!«

AUS DEM FILM: »BANG BOOM BANG«

express.de

»WIR HATTEN EIN WITZIGES WOCHENENDE UND EIN PAAR BIER GETRUNKEN. DA HATTE ICH EINFACH DAS GEFÜHL, DAS MUSS ICH JETZT MACHEN. DAS WAR AUS DER EUPHORIE HERAUS.«

WIRT ANDI AUS DER HAMMONDBAR

# VERRÜCKTE FANS

Saison 2007/08. Der ruhmreiche 1. FC Köln spielt mal wieder in der zweiten Liga. Doch das kann dem Gefühl der Fans zu ihrem Verein nichts anhaben. Wie eine Eins stehen die Anhänger hinter ihrem Klub – komme, was wolle. Und sei es eine Geschichte wie diese: Eines Samstags möchte ein Kölner Schrottplatzbesitzer bereits um elf Uhr seinen Platz abschließen, denn beim FC ist um 13 Uhr Anstoß. Doch bei seinem Rundgang entdeckt er in der hinterletzten Ecke eine Leiche, die von einem Kran baumelt. Sein erster Gedanke: Jetzt muss ich die Polizei rufen. Sein zweiter: Das pack' ich nicht mehr!

Und so springt er in den Kran und lässt – ohne Zeit zu verlieren – das Seil noch ein Stück weiter runter. Dann parkt er einen LKW vor den grausigen Fund und eilt schließlich schnell ins Stadion, um seinen FC spielen zu sehen. Um 17 Uhr kehrt der Kölner Fußballfan auf den Schrottplatz zurück, fährt den LKW beiseite, zieht das Seil wieder etwas hoch – und ruft die Polizei an. Die Beamten empfängt der Mann im nassgeschwitzten FC-Trikot.

»Ich trinke Jägermeister, weil ich heute mein erstes Tor geschossen habe und sogar noch abseits!«
(Die 244. von allen)
Jägermeister. Einer für alle.

# HAT NOCH JEMAND ES SATT, IM REGEN AN DER SEITENLINIE ZU STEHEN?

FRAGE EINES KUNDEN

*»Was ist mit Schwiegermüttern? Kann man das Zelt auch für sie verwenden? Ich habe stets ein wenig Mitleid mit ihr. Sie schaut mich immer mit so traurigen Augen an – wenn sie vor der Tür steht und ich überlege, sie reinzulassen. So müsste sie nicht nass werden, wenn sie zu Besuch ist.«*

## SCHALKE IST WIE EINE SCHÖNE KRANKHEIT. WENN DU SIE EINMAL HAST, WIRST DU SIE GOTT SEI DANK NICHT MEHR LOS.

SCHALKE-FAN HUBERT TECKER

Während der WM 1986, so berichtet ein englischer Arzt im »Journal der Royal Society of Medicine«, habe einer seiner Patienten einen speziellen Hautausschlag auf Armen, Beinen und Rücken entwickelt, als er die Niederlage seiner Engländer gegen Portugal im Fernsehen sah. Vier Tage später kommt der Ausschlag zurück – diesmal nach einer schlechten Leistung Englands gegen Marokko. Die Diagnose des Arztes: Der Ausschlag resultiert ganz offensichtlich aus der Frustration, England dabei zuzusehen, wie es jämmerlich verliert.

# FUSSBALL UND DIE LIEBE

Tod nach dem Endspiel: Die Eifersucht seiner Ehefrau wurde einem südkoreanischen Fußballfan zum Verhängnis. Er hatte das Endspiel der Fußball-WM 2002 bei einem Freund verfolgt und war erst am nächsten Morgen nach Hause gekommen. Weil seine Gattin vermutete, der Fußballfan habe eine Freundin, brachte ihn die eifersüchtige Ehefrau mit einem Küchenmesser um.

—

Der 19-jährige Robert Stery aus Perth will 1978 unbedingt zur WM nach Argentinien – aber er hat ein Problem: das liebe Geld. Denn eigentlich soll von dem Gesparten die Hochzeit mit seiner Verlobten finanziert werden. Schließlich fährt er nach Südamerika und sagt: »Ich kann mir beides nicht leisten, deshalb habe ich Schluss gemacht. Ich werde sie wieder sehen, wenn ich zurückkomme, doch aller Voraussicht nach nur aus der Ferne. Sie war nicht gerade erfreut von meiner Entscheidung!«

## JOACHIM KRÓL ERZÄHLT:

## »Das war eine Einheit: Westfalia Herne, mein Vater und ich.«

Mein Vater war auch Hobby-Chronist. Von der Nachkriegszeit bis zu seinem Tod hat er jedes Spiel mit Mannschaftsaufstellung, Torfolge, Zuschauerzahl in Kladden aufgeschrieben und eigene Statistiken gemacht. Fußball war für ihn Lebensinhalt. (…)

Wenn jemand stirbt, der einem so nahesteht, bekommt alles Mögliche eine Bedeutung, man sieht überall Zeichen. Als ich mir seine letzten Aufzeichnungen angeschaut habe, stand Westfalia dort gerade mit ausgeglichenem Punkte- und Torverhätnis. So, als wäre er quitt!

Als er gestorben war, war ich von meinen Geschwistern am belastbarsten und für meine Mutter der direkteste Ansprechpartner. So hatte ich plötzlich diese ganzen Sachen zu regeln. Und dabei habe ich aber permanent neben mir gestanden. Das war völlig surreal, und ich hatte keine Zeit für mich. Und diesen Moment, zu mir zu kommen, habe ich mir im Stadion geleistet. Dafür bin ich noch einmal nach Herne gefahren und ins Stadion gegangen. Es war ganz leer. Da war Stille. Ich bin über die Ränge gegangen, dorthin, wo ich immer mit ihm gestanden habe. Und dort habe ich von meinem Vater Abschied genommen. Als ich weiter herumgegangen bin, kam ich zu den alten Kassenhäuschen, die inzwischen völlig demoliert waren. Da lag ein Schild auf dem Boden: »Kinder, 2 Mark.« Das habe ich aufgehoben, mitgenommen, und jetzt hängt es bei meinem Sohn im Zimmer.

AUS: CHRISTOPH BIERMANN:
»WENN DU AM SPIELTAG BEERDIGT WIRST, KANN ICH LEIDER NICHT KOMMEN«

# WAS WIRKLICH WICHTIG IST!

## Mit sieben darf man noch weinen

Die Siebenjährigen saßen in ihrer Kabine, den Tränen nahe. (Mit sieben darf man ja noch weinen.) Und dabei hatten sie gewonnen. Sie waren zum erstenmal Sieger eines Fußball-Turniers der F-Jugend geworden. Aber den Pokal hatte der Verlierer bekommen. Bei der Ehrung war ihnen der vermeintlich wertvollere Preis überreicht worden: ein Briefumschlag, der 50 Mark für die Mannschaftskasse umhüllte. Dabei wären sie so gerne mit dem Pokal eine Ehrenrunde gelaufen, wie die Großen. Die wedeln ja auch nicht mit Bankauszügen bei der Ehrenrunde. Erfolg gleich Geld. Diesem Kurz-Schluß waren die Kinder noch nicht erlegen.

kicker

VFL BORUSSIA

BREMEN
ORTAS®
RENOVIERER
NR.1
Werder
BREMEN

## KAI TRAEMANN, »BILD«-CHEFREDAKTION
## LIEBLINGSVEREIN: WERDER BREMEN
## LIEBLINGSSPIELER: ANDREAS HERZOG

Es ist meine erste große Fußballerinnerung, meine erste intensive Werder-Emotion, die ich für alle Zeit in Herz und Hirn gespeichert habe. Ich werde sie nie vergessen. Nie. Denn es ist diese magische Mischung aus Familie und Fußball. Die Liaison aus Liebe und Leidenschaft, die das Leben so schön macht…

Zwei Wochen nach meinem sechsten Geburtstag laufe ich jubelnd durch mein Kinderzimmer und verkünde das, was ich heute als Journalist als Falschmeldung bezeichnen müsste: »Werder ist Meister, Werder ist Meister!«

Wir schreiben das Jahr 1986. Es ist der 22. April. Der 33. Spieltag der Saison 1985/86. Es läuft das Spitzenspiel zwischen Tabellenführer Werder und Verfolger Bayern. Kurz vor Schluss – es steht 0:0 – passiert es. Der Elfmeter, der mein Leben verändern wird…

Ich sitze auf meinem Kinderbett. Mein Vater neben mir. Meine Mutter in Hörweite. Wir fiebern mit Werder, verfolgen das Spiel im Radio. Auf Radio Bremen. Denn das Spiel läuft im TV nicht bei ARD oder ZDF, sondern beim damals neuen Sender Sat.1, den 1986 nur ein Bruchteil aller Haushalte empfangen kann.

Als der Schiri auf Strafstoß entscheidet, springe ich aus dem Bett, renne zu meiner Mutter: »Werder ist Meister!« Denn ein Sieg würde Werder die Schale bescheren.

Meister! Die ohnehin so sorgenfreie Kinderwelt im Paradies-Modus …

Mein Vater versucht mich leicht zu beruhigen, mich zu beschützen vor der möglichen Ernüchterung. »Warte ab, die müssen den Elfer noch verwandeln.« Ich lächle das weg mit der Sorglosigkeit eines Sechsjährigen – Kutzop trifft eh!

Fehlanzeige. Pfosten. Stille. Leere. Und Lehre zugleich.

Denn von da an ist klar, dass es mit Werder nicht immer einfach sein wird. Vier Tage später verspielt Werder den Titel in Stuttgart. Spätestens von da an ist aber auch klar, dass Werder meine erste große Liebe ist!

Ich hatte mich verliebt. In Werder. Meine Helden hießen Völler, Burdenski, später Bratseth, Riedle, Rufer, Herzog. Verliebt in den Fußball, verliebt in einen Verein. Und es nahm schräge Züge an bei mir.

Aus meinem Kinderzimmerfenster – direkt an der B61 zwischen Sulingen und dem 47 km entfernten Bremen – hing fast täglich eine Werder-Fahne, die von Autos und Lastwagen oft mit einem Hupen gefeiert wurde. Anfangs wunderte sich meine Mutter, weshalb plötzlich so viele Fahrer hupten. Dann wunderte sie sich bei mir über gar nichts mehr …

Werder war alles für mich, Stadionbesuche mit meiner Familie die schönsten Tage im Leben. Noch heute sagt meine Mutter: »Wenn es dir schlecht ging, sind wir zum Weserstadion gefahren. Auch wenn an dem Tag gar kein Spiel war. Danach ging es dir mindestens 14 Tage lang gut.«

Seit Mitte der 80er, also seitdem ich halbwegs klar denken kann, gehört Werder zur Familie. So wie meine Eltern, so wie meine beiden Schwestern, so wie seit einigen Jahren meine Ehefrau. Susan kommt nun mit ins Weserstadion – und trägt eines meiner Trikots mit der Portas-Werbung aus den 80ern …

»Hallo Leute!

Ein guter Freund von mir hat für nächsten Samstag zwei Tickets für das Champions-League-Finale.

Leider hat er vergessen, dass er an diesem Tag heiratet (er hat die Karten schon vor Monaten gekauft, bevor das genaue Datum für die Hochzeit festgelegt wurde)!

Deshalb jetzt die Frage an alle:
Hat jemand Interesse am Samstag zu heiraten? Irgendjemand?«

Fußballmannschaft F.C. BAYERN MÜNCHEN e.V.
Welt-Pokal-Sieger: 1976 - Europa-Pokal-Sieger: Cup 1967 - der Landesmeister: 1974-1975-1976
DFB-Meister: 1932-1969-1972-1973-1974-1980-1981 DFB-Cup: 1957-1966-1967-1969-1971-1982

In Bremen Schiedsrichter im Mittelpunkt

# Ahlenfelders Show

Darüber gab es im Bremer Weserstadion zur Pause keinen Zweifel: Schiedsrichter Wolf-Dieter Ahlenfelder aus Oberhausen avancierte zum Star des bis dahin langweiligen Nordderbys zwischen Werder und Hannover 96. Was sich zunächst mit lockeren Sprüchen vor dem Spiel im Kabinengang andeutete, gedieh dann 45 Minuten lang auf dem Rasen zu der großen Show des schwarzen Mannes.

Für den Höhepunkt zahlreicher Heiterkeitsausbrüche beim Publikum sorgte der Unparteiische, als er bereits nach 32 Minuten zur Halbzeit pfiff. Erst als die Spieler ihn ungläubig anstaunten, eilte Ahlenfelder zu seinem Linienrichter, ließ sich dessen Uhr zeigen und setzte die Partie mit Schiedsrichterball fort.

Als er dann schließlich noch 90 Sekunden vor Ablauf der 45 Minuten abpfiff, erntete er für seine Show-Effekte die Pfiffe der nüchternen Bremer. Auch Hannovers Präsident Ferdinand Bock beurteilte den Mann aus Oberhausen nicht positiv: „Hat der vielleicht etwas getrunken?" In der zweiten Halbzeit verstummten alle Diskussionen. Ahlenfelder überließ die Szenerie den als Hauptdarsteller vorgesehenen Spielern. Von ihnen bekam er nach seinen unauffälligen Aktionen in der zweiten Spielhälfte auch ausnahmslos gute Kritiken. „Er hat doch korrekt gepfiffen", urteilte 96er-Kapitän Peter Anders. Tatsächlich muß man dem wohl lustigsten Schiedsrichter der Bundesliga bescheinigen, daß die Ursache seiner wenigen Fehlentscheidungen bei den Linienrichtern zu suchen war.

Dennoch müssen all jene, die Spaß an seinem eigenwilligen Stil fanden, befürchten, daß Wolf-Dieter Ahlenfelder zumindest in dieser Weise so schnell kein Bundesligapsiel mehr leiten wird. Immerhin beurteilte ihn in Bremen kein geringerer als Walter Baresel, der Spielausschußvorsitzende des DFB.

**Burkhard Lüpke**

kicker

# DIE MENSCHLICHE SEITE

Die legendäre Geschichte vom 8. November 1975, als Schiedsrichter Wolf-Dieter Ahlenfelder nach 32 Minuten die Partie zwischen Werder Bremen und Hannover 96 in die Halbzeitpause pfiff, kennt mittlerweile fast jeder. Auch, dass Ahli, wie er sich selbst gerne nannte, zum Zeitpunkt dieser kuriosen Aktion den einen oder anderen Schnaps und ein paar Pils intus hatte, weil die fettige Martinsgans, die Klöße und der Rotkohl noch nicht ganz verdaut waren, wissen die allermeisten Fußballfans. Doch kaum einem ist bekannt, dass das Spiel im Bremer Weserstadion damals erst die dritte Bundesliga-Begegnung des Mannes aus Oberhausen war und Wolf-Dieter Ahlenfelder trotz dieses schweren Fehlers – da muss man nicht drum herumreden – noch 103 weitere Partien pfeifen durfte. Man kann sich lebhaft vorstellen, was mit Ahli in den heutigen Zeiten geschehen würde. Damals bekam er die zweite Chance – und wurde nicht nur zu einem der beliebtesten Unparteiischen der Bundesliga-Geschichte, sondern in der Saison 1983/84 auch als Schiedsrichter des Jahres ausgezeichnet.

»ER MUSS JA NICHT UNBEDINGT DAHIN LAUFEN, WO ICH HINGRÄTSCHE.«

NEVEN SUBOTIC

# ECHT HARTER KERL

»Wenn nichts gegen ihn hilft, dann kannst du immer noch auf die erste Ecke warten und ihn mit seinen Dreadlocks an den Pfosten binden.«

VINNIE JONES ÜBER RUUD GULLIT

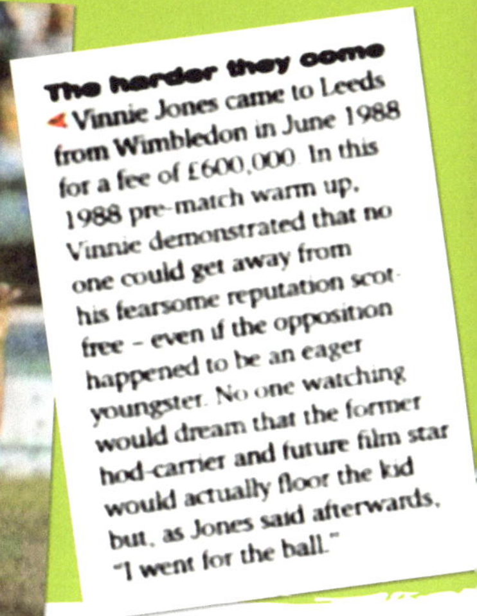

**The harder they come**

Vinnie Jones came to Leeds from Wimbledon in June 1988 for a fee of £600,000. In this 1988 pre-match warm up, Vinnie demonstrated that no one could get away from his fearsome reputation scot-free – even if the opposition happened to be an eager youngster. No one watching would dream that the former hod-carrier and future film star would actually floor the kid but, as Jones said afterwards, "I went for the ball."

# NACHWUCHSLEISTUNGSZENTRUM

# STADIONDURCHSAGE

»Achtung, Achtung, liebe Besucher.
Auf dem Parkplatz steht ein blauer VW Polo,
bei dem die Scheinwerfer brennen.
Außerdem steht dort noch ein roter Lada.
Bei dem brennen die Scheinwerfer nicht,
der Rest allerdings schon!«

STADIONSPRECHER CARL HUYBREGTS
VOM BELGISCHEN KLUB
GERMINAL BEERSCHOT
ANTWERPEN

# SEPP MAIER

»Wissen Sie, warum Sepp Maier keine Hunde mag?
Die machen immer Kleff-Kleff.«

WOLFGANG KLEFF

Im VIP-Raum fiel mir dann einer in die Arme. Sepp Maier, mein alter Meistertorwart vom FC Bayern. Ich habe ihm zu seiner Arbeit als Torwart-Trainer der Nationalmannschaft gratuliert. Darauf Sepp: „Weißt du, woran du einen guten Torwart erkennst? Wenn er zu seiner Frau ins Bett hechtet.“

SportBild

Deutschland verliert bei der WM 2018 im Auftaktspiel gegen Mexiko. Hinterher wird Weltmeister Sepp Maier gefragt, wie sich denn seine deutsche Elf von 1974 gegen die Mexikaner geschlagen hätte?

Sepp Maier: *»Wir hätten wohl 1:0 gewonnen.«*

Reporter: *»Nur 1:0?«*

Sepp Maier: *»Na ja, die meisten von uns sind nun auch schon über 70 Jahre alt …!«*

# BUCHSEN BIS UNTER DIE ACHSELN

»Weil wir so lange Dödel hatten.«

SCHALKES LEGENDE ERNST KUZORRA AUF DIE FRAGE, WARUM FUSSBALLER FRÜHER SO LANGE SPORTHOSEN TRUGEN

# SIEBEN WEISHEITEN FÜRS LEBEN VON EINEM EX-PROFI

1 »Ich würde lügen, wenn ich etwas sagen würde, was nicht stimmt.«

2 »Pisst hier einer im Stehen, knall' ich den weg.«

3 »Die Einstellung ist immer Fakt.«

4 »Der Klügere lässt nach.«

5 »Da habe ich mich beirren lassen von meiner Kompetenz.«

6 »Ich kann das kommentarlos nicht beantworten.«

7 »Ich wüsste mehr, wenn ich es wüsste.«

## FRANK GOOSEN, AUTOR UND KABARETTIST
## LIEBLINGSVEREIN: VFL BOCHUM
## LIEBLINGSSPIELER: JUPP TENHAGEN

Da ist einer Vater geworden, der hat schon seinen Sohn nach der Biermarke benannt – also nicht wirklich, aber zufälligerweise passt das ganz gut zusammen. Sein Bruder hat den Bengel um elf Uhr direkt am Morgen der Geburt beim VfL angemeldet, aber leider war die Schwiegermutter schneller und hat ihn schon eine Stunde eher beim FC Schalke angemeldet. Also, dieses Kind ist jetzt natürlich erst einmal gestraft: Kaum auf der Welt und schon Mitglied in zwei Vereinen – wobei manche sagen: in einem Verein und in einer kriminellen Vereinigung. Aber das Schöne ist, da kam der Kumpel dann zu uns in Block B und hat für alle Bier ausgegeben. Und daher stammt dieses wunderbare Foto, auf dem er 14 Bierbecher in zwei Händen balanciert. Was damals noch ging, weil wir noch die härteren Becher hatten, wo man die Griffe ineinanderstecken konnte. Und dann haben wir etwas zu oft volle Bierbecher auf den Linienrichter geworfen, und seitdem haben wir diese schlabberigen Plastikbecher – sehr schade eigentlich.

Ich war einmal bei einem Spiel der ersten Mannschaft von Arminia Bochum, da hat sich in der siebzigsten Minute jemand auswechseln lassen, weil er zur Toilette musste. Das hatte ich bei einem Erwachsenenspiel so noch nicht erlebt. Und der musste jetzt was machen, was man nicht so einfach hinter dem nächsten Busch erledigen konnte. Der stürmte an uns vorbei ins Vereinsheim, und mein Nebenmann, mit dem Spitznamen »Rabe«, beugte sich zu mir rüber und sagte: »Da kannst du jetzt keine Kinder hinterherschicken – die hören auf zu wachsen!« So was kannst du nicht erfinden, und das kannst du auch nicht mehr toppen oder erhöhen. Solche Sachen hat man da mitgenommen. Das ist natürlich super!

—

Einer meiner Lieblingsspieler in der E-Jugend war Yusuf. Der stand gut im Strumpf, wie ich immer sage. Yusuf war einer, der hat immer Sprüche rausgehauen. Den anderen war gar nicht klar, wie witzig der ist. Wir haben mal ein Pokalspiel gegen SV Phoenix gehabt. Da waren wir immer besonders motiviert, weil die in Schwarz-Gelb spielen. Wir haben 1:0 hintengelegen und dann 2:1 gewonnen. Besser geht's nicht. Da waren die elf Jahre alt. Auf dem Platz elfjährige Kampfmaschinen und danach wieder elfjährige Kinder. Und dann haben die noch eine Runde Fangen-Verstecken angehängt. Da hat sich der Sportkamerad Kerim in einer Mülltonne versteckt, in so einer großen Papiertonne. Und da kam Yusuf zu mir und sagte: »Guck mal, Frank. Der Kerim ist schon zu Hause!«

Der Bruder von dem, der die 14 Bier balanciert hat, der kam einmal ins Stadion und sagte: »Weisse, wat meine Frau gerade gesagt hat? Viel Spaß im Stadion, und trink nicht so viel. Da habe ich gesagt: Ja, wat denn nun?«

# UND AB IN DIE TONNE

# LEGENDÄRE ZITATE

Gary Lineker: »Es war in einem Interview mit einer amerikanischen Zeitung vor der WM in den USA 1994. Ich sollte den ungebildeten amerikanischen Zuschauern erklären, was es mit dem Fußball auf sich hat. Meine Aussage ist dann immer wieder stark verkürzt worden. Ich sagte damals etwas wie: Es gibt 22 Spieler, elf auf jeder Seite, sie haben merkwürdige bunte Hemden an, sie treten einen Sack voll Luft durch die Gegend.

Ich sagte noch eine Reihe anderer Sachen und schließlich, dass am Ende die Deutschen den Pokal gewinnen. Da ist dann über die Jahre immer wieder etwas weggenommen worden, und jetzt heißt es nur noch: Fußball ist ein Spiel für 22 Spieler, und am Ende gewinnen die Deutschen.«

## KURZ VORM HIMMEL MEINEM KLUB SO NAH

Die wollen mir meinen Verein verbieten? Nicht mit mir! Auch ein Stadionverbot hielt den Anhänger von Denizlispor nicht davon ab, das Spiel seines Klubs gegen Gaziantepspor zu verfolgen. Weil er nicht wie gewohnt in die Kurve durfte, mietete er sich einen Kranwagen, parkte ihn direkt am Stadion und fuhr hinauf in luftige Höhen. Von dort verfolgte er zwar etwas einsam, aber umso enthusiastischer die Partie seines Herzensvereins. Und er hatte alles richtig gemacht: Denn sein Klub gewann das Spiel mit 5:0. Was hätte er sich da geärgert, wenn er nicht dabei gewesen wäre – und sei es auch nur in einem Kran in der luftigen Höhe von Denizli.

VFL-JESUS: »MEINE FRAU FRAGTE MICH MAL, WEN ICH MEHR LIEBE. SIE ODER DEN VFL? WAT FRAGT DIE MICH DAS AUCH. ICH BIN DOCH EHRLICH!«

Macht alles in „Zeitlupe": Waldemar Hartmann vom Bayerischen Rundfunk hat auch eine Kneipe

SportBild

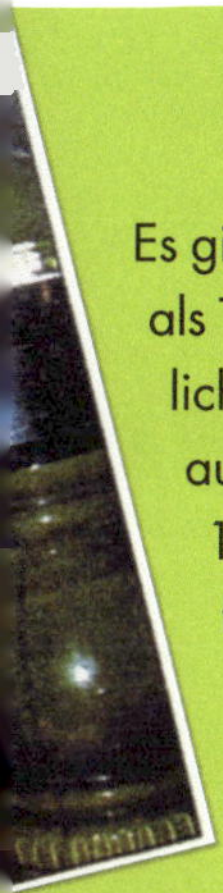

# TREFFER – VERSENKT!

Es gibt da diese berühmte »Wer wird Millionär?«-Geschichte. Waldemar Hartmann sollte als Telefonjoker bei der 64.000-Euro-Frage aushelfen. Für einen Sportjournalisten eigentlich eine machbare Aufgabe, vor allem, wenn man zwischen vier Antwortmöglichkeiten auswählen kann. Die Frage lautete: »Welche Fußballnation konnte bei den bisherigen 19 Weltmeisterschaften nie den Titel im eigenen Land gewinnen?« Dass Hartmann falschlag (richtige Antwort wäre Brasilien gewesen), hätte man ihm vielleicht noch durchgehen lassen, aber er legte sich ausgerechnet auf Deutschland fest: »Da gibt es ja nur eins. Deutschland hat natürlich im eigenen Land keine WM gewonnen. Wir haben ja einen dritten Platz im Jahr 2006 gemacht, und das war die einzige, die wir gespielt haben!« Er fügte zu allem Überfluss noch hinzu: »Noch nie im eigenen Land … kann man in ›Dritte Halbzeit‹, in meinem Buch, nachlesen.«

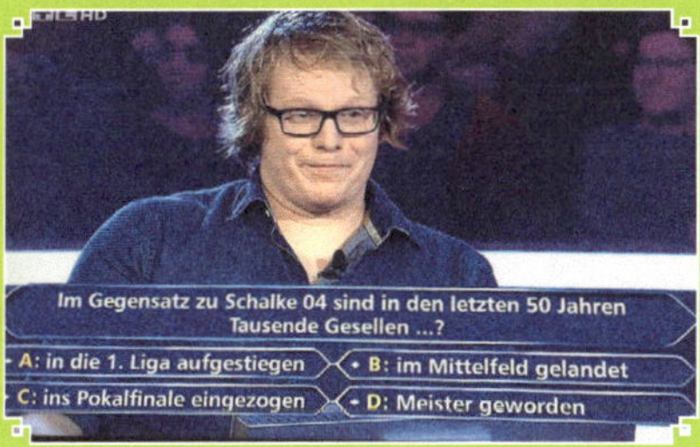


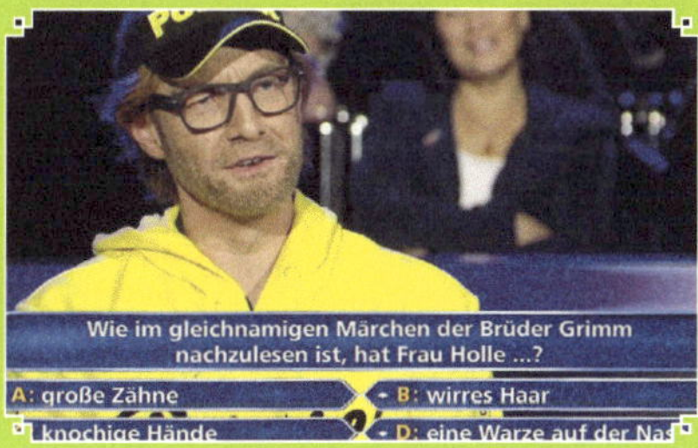

# NUDISMUS FÜR ALLE

Nach einem Freundschaftsspiel in New York zwischen einer europäischen Auswahl und einem Team bestückt aus Spielern aus aller Welt mischten sich in der Kabine unter die frisch geduschten Akteure auch einige Journalistinnen. Der italienische Nationalspieler Marco Tardelli fand das befremdlich – und sagte dies auch. Daraufhin reagierte eine Reporterin, wie der »kicker« berichtete, mit spitzer Zunge: »Noch nie was von Nudismus gehört?« Doch Tardelli ließ sich nicht aus der Reserve locken und erwiderte: »Wenn schon Nudismus, dann bei allen. Ziehen Sie sich bitte aus, wenn Sie mich interviewen!« Wie man sich fast denken kann: Aus der kleinen Nackt-Party wurde dann allerdings nichts.

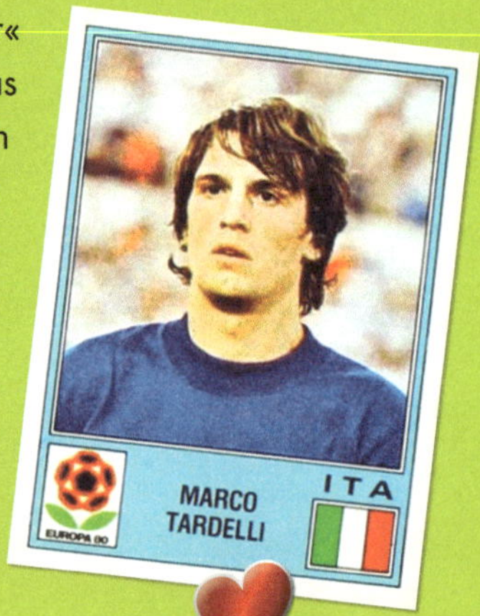

# DIE EROTIK DES SPIELS UND DIE WISSENSCHAFT

Immerhin drei Prozent der Männer würden angeblich für immer auf Sex verzichten, wenn ihre Mannschaft Meister wird.

Nur für fünf Prozent der Deutschen wäre Sex ein Grund, das Endspiel der Fußball-WM sausen zu lassen.

OPEL
Heidelberg
OPEL
Heidelberg
HIER

# ABSAGEN DER KREISLIGA

## ICH KANN LEIDER NICHT KOMMEN, WEIL …

… ich einen dringenden Friseurtermin habe.

—

… die Freundin aus Versehen
die Tasche mit den Fußballsachen mitgenommen hat.

—

… ich auf den Hamster aufpassen muss.

—

… ich auf einer Papstaudienz bin.

—

… »Was? Training war HEUTE?«
(seit Jahren immer Di. und Do.)

—

… ich noch packen muss;
fahre in einer Woche in den Urlaub.

—

… die Oma Geburtstag hat.

—

… meine Mutter die Sachen zu spät gewaschen hat;
sind noch nass.

# TYP-BERATUNG

# HEUTE: FRISUREN

BVB

## MATTHIAS BONGARD, RADIO- UND TV-MODERATOR
## LIEBLINGSVEREIN: BORUSSIA DORTMUND
## LIEBLINGSSPIELER: JULIO CESAR

Spielbeginn wie immer: 16.30 Uhr. Griechenland ist eine Stunde voraus. Die Insel, auf der ich im Juni 1995 Urlaub machte, heißt Skyros. Ich war nie zuvor dort. Ein kleines Privatzimmer in einem entlegenen Örtchen ohne Touristen. Ich trug an diesem 17. Juni schon zum Frühstück ein ekelig neonfarbenes BVB-Leibchen. Letzter Spieltag.

Eine Woche zuvor war ich noch zu Hause und Werder Bremen schon fast Meister. Dortmund lag in Duisburg mit zwei Toren hinten. Ich war in diesen Minuten froh, den Flieger nach Athen schon gebucht zu haben, und dachte daran, mich bei 30 Grad mit einem Glas und dem Satz »Take it Ouzo, baby« zweitausend Kilometer vom Westfalenstadion entfernt trösten zu können. Aber die Borussen drehten das Spiel in Duisburg noch. Stefan Reuter machte noch den Ausgleichs- und den Siegtreffer. Der BVB konnte es endlich schaffen, zum ersten Mal seit Bestehen der Bundesliga Meister zu werden. Und ich flog weg. Bekloppt!

Das Dorf auf der Insel war ein verpenntes. Welche Qualen das auslösen kann, lernte ich an diesem Tag. Es mussten Spielstände her. Und das in

Zeiten, in denen man höchstens zwei Menschen vom Hörensagen kannte, die ein Mobiltelefon besaßen. Und in Zeiten, in denen jemand mit Internetanschluss in diesem griechischen Örtchen wegen Besitz von Teufelszeug verbrannt worden wäre.

Aber es gab den kleinen Laden, dessen Warenangebot aus Hülsenfrüchten in Säcken, Kondensmilch in Dosen und Speiseeis in der Truhe bestand. Ich hatte mir seit meinem Eintreffen jeden Tag ein Eis gekauft, war quasi schon Stammkunde. Im Laden gab es hinterm Tresen ein Telefon. Kein öffentliches, aber immerhin ein Telefon. Ich stand um kurz vor halb fünf vor der kleinen Ladenbesitzerin und versuchte ihr zu erklären, dass ich unbedingt in den nächsten knapp zwei Stunden immer mal wieder telefonieren müsse. Für das Warum reichte mein Griechisch nicht, es wäre mir auch peinlich gewesen. Ich bekam die Erlaubnis. Die mimische Ernsthaftigkeit meiner Bitte ließ die alte Dame wahrscheinlich glauben, dass meine Eltern im Sterben und meine Frau im Kreißsaal lagen, während zeitgleich unser Haus in Flammen stand.

Ein kurzer Gedanke daran, wie die Telefonate wohl abgerechnet würden. Ohne Gebührenzähler! Seit vier Minuten mussten die Spiele laufen, Dortmund konnte schon gegen den HSV zurückliegen, Bremen schon gegen Bayern führen. Ahnungslosigkeit und Angst! Oh ja, Hansi! »Hier ist der Anrufbeantworter von Hansi Küp….« Bestimmt im Stadion! Ich probierte

evonik
Die Continent

zahlreiche Nummern, niemand da, nirgendwo. Und jeder Versuch dauerte: Auslandsvorwahl, eine Wählscheibe und schwitzige Finger, die darin immer wieder abrutschten. Von vorne! 0049...

In meiner aufkommenden Verzweiflung rief ich dann bei meinem Arbeitgeber an: In der Regie der Bundesligakonferenz auf WDR2. »Was willst du? Bist du bekloppt, weißt du, was hier los ist? Ja, Dortmund führt 1:0, gerade, Möller. Bayern 0:0. Tschüss.« Soviel stand fest: a) Da konnte ich kein zweites Mal anrufen und b) wir waren zu diesem Zeitpunkt noch nicht Meister. Ein Tor brauchten wir noch. Wahlweise konnten auch die Münchner eins machen. Aber möchte man gerne von den Bayern abhängig sein? Eben! Ich wurde immer nervöser und mein Magen durch das dritte Eis auch.

Jetzt folgte mein Geniestreich: Ich rief zwei Freundinnen an. Die interessierten sich überhaupt nicht für Fußball, waren aber zu Hause. »Bist du nicht in Griechenland? Insel oder Festland? Wie ist das Wetter?!« »Tu mir bitte, bitte einen Riesengefallen. Mach WDR2 an, höre bitte, wie es in Dortmund und in München steht. Rest ist egal. Ich rufe gleich wieder an. Ja, ja, Wetter ist super hier. Natürlich bringe ich dir ne Flasche Olivenöl mit!« Eiskrem, Leitungswasser, Zikadenlärm, ein schnell wachsendes Häufchen mit Zigarettenkippen und der mitleidige Blick der dicken Ladenbesitzerin, wenn ich alle paar Minuten zum Telefonieren reinkam. Für sie musste dann aber klar sein, dass ich die Kunde erhalten hatte, dass die Löschzüge rechtzeitig eingetroffen, meine Eltern auf dem Weg der Besserung waren und ich soeben Vater von gesunden Zwillingen geworden bin; so wie ich mich aufführte, als ich vom 2:0 für Dortmund und dem 1:0 für die Bayern erfuhr.

Beim nächsten Anruf erfuhr ich von Silke, dass Basler für Bremen den Ausgleich gemacht hatte. Ich konnte den noch nie leiden. »Warte, wieder ein Tor in München.« – »Für wen?« – »Habe ich nicht mitbekommen. Der sagt was von einem Zickler.« – »Was sagt der von Zickler?« – »Der sagt irgendwas mit erneuter Führung.« – »Ich küsse dich. Bis gleich.« Der Rest ist zwar zügig erzählt, aber unendlich lange empfunden. Reichlich Telefonate; das 3:1 für Bayern 13 Minuten vor Abpfiff. Das bringt Unglück, dachte ich noch. Keine Torkunde mehr aus Dortmund, und als die Sonne hinter den ersten Häusern verschwand, war ich Deutscher Meister. Ich hielt der Ladenbesitzerin eine Auswahl von Drachmenscheinen hin, sie zog ein paar heraus. Wie viel, weiß ich nicht, war mir auch egal. Ich lief durch den Ort und schrie einmal laut. Es war mir im selben Moment peinlich. Ich war so glücklich, wie ich einsam war. Was hätte ich um irgendeinen Fan irgendeines Vereins gegeben. Irgendeinen, der mich ansatzweise verstand. Ich war Meister!!! Niemand da.

Drei Jahre zuvor hatten vier Minuten gefehlt. Buchwald machte kurz vor Ende das Tor, und es war aus für Dortmund. Damals war ich mit vielen Menschen zusammen, wir konnten uns trösten. Ich wusste jetzt nicht, was schlimmer war: den Titel knapp zu verpassen, oder ihn ganz allein zu gewinnen. Irgendwas musste passieren. Zurück im Appartement, kramte ich im

Küchenschrank und fand den Deckel eines Topfes. Ich ging in den Garten und machte ein Foto. Trikot aufgehängt, den Deckel küssend. Genau das musste sich gerade im Westfalenstadion abspielen. Ich ging mit dem Topfdeckel zum Strand und hielt ihn immer wieder stolz in die Höhe. Kein Gedanke daran, dass jeder der wenigen einheimischen Strandbesucher mit ein wenig Vernunft einen Arzt hätte rufen müssen. Ich feierte mit mir komplett unausgelassen, bis es dunkel war, betrank mich später und war entschlossen, ein T-Shirt drucken zu lassen: »Meister 1995 – ich war nicht dabei.« Und ich dachte traurig an zigtausend Feiernde zu Hause. Ob von denen einer an mich dachte?!

P.S. Als ich zwei Wochen später nach Hause kam, lag im Briefkasten ein Brief meines Freundes Jörg. Er durfte als Journalist aus dem Westfalenstadion berichten und von der abendlichen Meisterschaftsfeier der Mannschaft im Goldsaal der Westfalenhallen. Dort hatte Jörg den Kapitän der Mannschaft um einen kleinen Gefallen gebeten. Auf dem Zettel, den ich aus dem Umschlag zog, stand: »Für Matthias – den Griechenland-Urlauber – Herzlichst Michael Zorc.« Ich habe ein bisschen geweint. Der Zettel steht bis heute gerahmt zusammen mit dem Foto meiner geküssten »Meisterschale« im Arbeitszimmer. Das T-Shirt habe ich nie drucken lassen und mich bei Michael Zorc bis heute noch nicht bedankt.

**Borussia Dortmund**

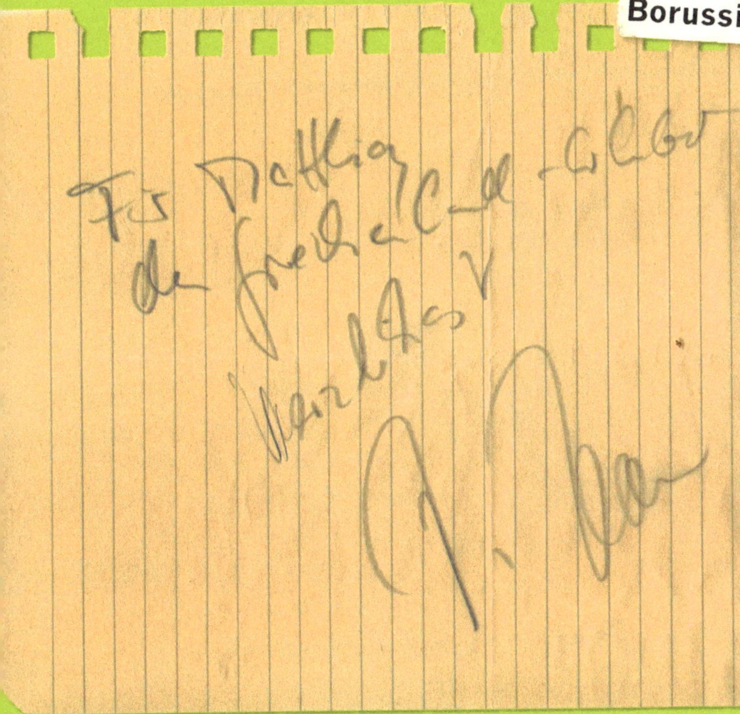

# FANLIEBE

Ein kleiner Fan rennt nach einem Testspiel des BVB in den USA aufs Spielfeld zu Christian Pulisic. Er möchte unbedingt ein Selfie mit seinem Idol. Pulisic gibt gerade ein Interview und ist irritiert, als der kleine Mann angerast kommt. Im selben Moment wird der Junge auch schon von einem Sicherheitsbeamten weggerissen. Der BVB-Profi reagiert sofort!

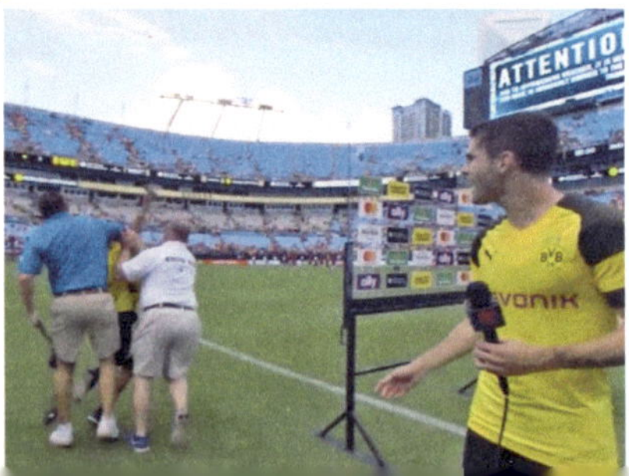

MEIN HELD!

# DER TRAUM VOM PROFIFUSSBALL

SportBild

3650 g · 54 cm

Damit
*Schalke*
*endlich Meister wird!*

Hier kommt
*Matthias Nowienski*

Es freuen sich
*Karin und Ulrich Nowienski*

23. Juli 1986

**Liebe ist ...**

**... seinem Verein neues Leben zu schenken**

(Anzeige aus der Westdeutschen Allgemeinen Zeitung)

Wofür möchten Sie als Werbepartner stehen?

*»Es muss zu mir passen. Allianz steht zum Beispiel für Rückgrat, wie ich als Torwart auch. Coke Zero steht für das Zu-null, das ich immer schaffen will; Sony für die Schärfe des Bildes, die ich auch benötige.«*

MANUEL NEUER IN EINEM INTERVIEW MIT DEM »KICKER«

# OPA PRITSCHIKOWSKI AUS DEM RUHRREVIER

Szepan und Kuzorra sind Namen, die man kennt. Gekonntes Kombinieren man Schalker Kreisel nennt. Am goldenen Hochzeitstage wurde Oma fast verrückt, als Opa still und heimlich zum Endspiel sich verdrückt.

St. Pauli
8
Bruns
VAN DER HEIDEN
3
KARHAN

# AUF GEHT'S, COWBOYS!

Der 23. November 2008 ist in die Geschichte des deutschen Fußballs eingegangen als der Tag, an dem ein Schiedsrichter morgens aufwachte und sich dachte: Heute zaubere ich mal richtig was aus der Tasche. Schiedsrichter Thomas »Django« Metzen zog bei der Partie des FSV Mainz 05 gegen den FC St. Pauli nach 43 Minuten Doppel-Gelb gegen Miroslav Karhan und Florian Bruns. Das Besondere: Metzen hielt zwei Gelbe Karten gleichzeitig in die Lüfte! Beim Rausgehen auf den Platz soll Schiri Metzen an diesem Tag den beiden Mannschaften bereits zugerufen haben: »Auf geht's, Cowboys!«

»Dieser Schiedsrichter wird in die Annalen eingehen und seinen Platz in den TV-Hitparaden der Bundesliga-Klassiker sicher haben. Es hatte was von Django!«

HOLGER STANISLAWSKI

»Ich kam mir vor wie bei Bonanza.«

CHRISTIAN HEIDEL

»Es hatte was von Terence Hill. Ich habe so etwas auch noch nie gesehen, dass man synchron Karten verteilen kann. Ich würde sagen: Das ist effizient und ökonomisch gedacht – weiter so!«

RALPH GUNESCH

# ELFMETER-GEHEIMNISSE
## KEIN REZEPT GEGEN DAS SCHIELEN

Es gibt viele gute Rezepte, um einen Elfmeter zu verwandeln. Englands Nationalspieler Wayne Rooney hat einmal gesagt: »Ich ziele nie. Denn wenn ich nicht weiß, wohin ich schieße, woher soll es dann der Torwart wissen?« Eine prima Methode. Bayerns Ex-Stürmer Roy Makaay philosophierte über seine spezielle Kunst vom Strafstoßpunkt aus, den Ball sicher im Netz zu versenken: »Wenn ich denke, dass der Torwart denkt, und der Torwart denkt, dass ich denke – dann kann ich auch einfach schießen. Es macht keinen Unterschied.« Großartig! Aber all dies wird übertroffen von dem sehr speziellen »Trick« eines argentinischen Spielers namens Alonso. Über den verriet einmal sein Kapitän: »Alonso schielt, und kein Torhüter hat auch nur die leiseste Ahnung, wohin der Ball fliegen wird.«

# ACHTUNG!

## FUSSBALLFANS UNTERWEGS

**(((Harry Hotspur)))** @HaroldHotspur

Folgen

Irish fans out of control in France ... Changing a flat tyre for some local pensioners

Übersetzung anzeigen

# ZUM WEGGUCKEN

»War ein tolles Spiel«, sagt ein Zuschauer zum Schiedsrichter. »Schade, dass Sie es nicht gesehen haben!«

# WAS FÜR NAMEN!

# BLINDENHUND FÜR SCHIEDSRICHTER

Der »kicker« berichtete einmal mit einem Augenzwinkern von einem Brief, der in Frankreich kursierte. Darin wurde einem Fußballschiedsrichter dringend empfohlen, sich helfen zu lassen – von einem Blindenhund. Im Wortlaut schrieb der gute Mann: »Monsieur, ich habe in letzter Zeit einige von Ihnen geleitete Spiele gesehen. Ihre Regelkenntnis ist über alle Zweifel erhaben, aber was Ihr Seh- und Unterscheidungsvermögen betrifft, sind mir Bedenken gekommen. Nehmen Sie deshalb als freundliche Anregung von einem, der es gut mit Ihnen meint, das Geschenk eines bestens ausgebildeten Blindenhundes als berufenem Helfer an. Es wird uns allen zugutekommen.«

# EIN SCHLÜCKCHEN IN EHREN

**TUS Hohne-Spechtshorn 1. Herren**
9. Juni ·

Unsere Erste Herren befindet sich derzeit auf einem Kurztrainingslager im Niederländischen Groningen. Neben einer Stadtbesichtung und Bootstour stand eigentlich ein Testspiel gegen den FC Groningen auf dem Programm. Leider musste diese Partie kurzfristig abgesagt werden. Der Grund: Im Noordlease Stadion gilt eine 1,5 Promille Grenze auch für Spieler. Da nur 3 von 15 Anwesenden unterhalb dieser magischen Grenze waren musste zwangsläufig ein Alternativprogramm organisiert werden.

376 196 Kommentare 48 Mal geteilt

Gefällt mir Kommentieren Teilen

Klaus »Boxer« Täuber hat einmal gesagt: »Heute knall ich mir die Birne voll, bis mir das Bier zu den Ohren rausläuft!« Das war 1988 – nachdem Bayer Leverkusen in einem unglaublichen Spiel gegen Espanyol Barcelona den UEFA-Pokal gewonnen hatte. Dass Spieler allerdings während der laufenden Begegnung bereits Alkohol konsumieren, ist eher selten. Der »kicker« berichtete einmal von einem schottischen Akteur, der in seiner Hosentasche stets ein kleines Kunststofffläschchen mit sich führte – und gerne mitten im Spiel daraus trank. Allerdings befand sich in diesem Behälter nicht etwa Wasser oder ein mysteriöses Aufputschmittel, sondern schlicht und ergreifend: Whisky. Und das hatte auch einen guten Grund, wie der schottische Amateurfußballer frei heraus erzählte: »Ich leide unter zu niedrigem Blutdruck und benötige deshalb hier und da einfach ein kleines Schlückchen!«

WERDER
POKAL
SIEGER

## ARND ZEIGLER,
## JOURNALIST, MODERATOR UND AUTOR
LIEBLINGSVEREIN: WERDER BREMEN
LIEBLINGSSPIELER: CLAUDIO PIZARRO

Wenn ich recht überlege, dann hätte in meinem Leben mehrmals etwas Anständiges aus mir werden können. Ich habe mehrfach gute Jobs und noch bessere Verdienstmöglichkeiten sausen lassen, um in zweiter Linie Bremer und in erster Linie Werder-Fan bleiben zu können. Bis heute habe ich das so gehalten, und jetzt ist es ja auch langsam mal zu spät, davon noch abzurücken. Wenn ich die Wahl hatte zwischen Werder Bremen und irgendetwas anderem, musste ich nie lange überlegen.

Niemals zuvor und danach wurde das so klar wie am späten Abend des 11. Oktober 1988. Werder Bremen empfing im Duell um den »wahren Deutschen Meister« im guten alten Europacup der Landesmeister den Meister der DDR, den BFC Dynamo. Ein Politikum, ein fiebriges Hass-Spiel, das unter anderem davon lebte, dass die Berliner dem Klassenfeind im Hinspiel mit dem 3:0 ordentlich den kapitalistischen Hintern versohlt hatten. Werder war so gut wie ausgeschieden, aber dann folgte eines der sagenumwobenen »Wunder von der Weser«. Es gab ein 5:0 gegen den sehr erstaunten DDR-Serienmeister um Thomas Doll und Andreas Thom, und wer stand mit einem tonnenschweren Tonbandgerät im Dienste seines Senders am Spielfeldrand? Der komplett aufgelöste, heisere, ekstatische Arnd Zeigler, damals Berufsanfänger beim Hörfunk von Radio Bremen.

In der 90. Minute erzielte Thomas Schaaf das Tor zum 5:0-Endstand. Das Weserstadion wurde von den Fans auf links gezogen, und der Schiedsrichter pfiff ab. Dachte ich. Und rannte los, Richtung Mittelkreis, auf den erstbesten Spieler zu, der in meine Nähe kam. Ich rief dabei etwas, was etwa wie »AAAAEEHEYYYHAAHAAARGH!« geklungen haben dürfte. Dummerweise geriet ich durch ganz großes Pech an Uli Borowka, der mich für einen Hooligan hielt und in dieser Sekunde einen Spielabbruch befürchtete. Der Rasen war nach Dauerregen sehr seifig und ich trug aus unerfindlichen

Gründen keine Stollenschuhe. Borowka hingegen schon. Meine bäuchlings vollzogene Schussfahrt über das Spielfeld des Weserstadions endete gefühlt nach sechs bis acht Metern, und als ich voller Schlamm und mit Rasen im Mund endlich zum Halten kam, dachte ich für einen kurzen, adrenalingeschwängerten Augenblick, das Spiel liefe noch, ich hätte eine Geste des Schiedsrichters als einziger Mensch im Stadion als Schlusspfiff missdeutet und sei gerade europaweit live im Fernsehen zu sehen.

War ich auch, aber nur winzig klein, denn das Spiel war doch schon vorbei. Ich hatte es kapiert, bevor Uli Borowka es kapierte. Anschließend sind er und ich Arm in Arm jubelnd in Richtung Ostkurve gelaufen. Ich war nass, aber glücklich und am Morgen danach das Tuschelthema bei den Kollegen der Sportredaktion. Egal. Ich war dabei, als Werder das Land verzückte, und nach diesem Abend wusste ich: Ich würde es immer sein.

# SONNTAGMORGEN, 11 UHR

# DER FUSSBALL IM WANDEL DER ZEIT

weckte. Hoeneß lud den Allgäuer daraufhin spontan zum Heimspiel gegen Real Madri ein, damit Eugler sein Konzept noch einmal genauer Muth und dessen Arena-Team präsentieren kann.

Ein konkretes Ergebnis nahm auch Bettina Horstmann aus der Gesprächsrunde mit nach Hause. Die Nürnbergerin hatte angemerkt, dass es in der Allianz Arena wenig Alternativen an alkoholischen Getränken zu Bier gebe, was sie und ihre Freundinnen seit längerem stört. Neben der bereits erhältlichen Weißweinschorle soll es nun zeitnah auch fertige Mixgetränke wie Aperol Spritz geben (ausgenommen bei Sicherheitsspielen).

## Alles im nächsten Bayern-Magazin

Einen ausführlichen Bericht mit allen Themen des Präsidiumsgesprächs lesen Sie im nächsten Bayern-Magazin zum Heimspiel gegen Eintracht Frankfurt.

Bayern-Magazin, April 2018

# WÄRE, WÄRE FAHRRADKETTE

fussball magazin

# 2014 – ENDLICH WELTMEISTER!

Einer der glücklichsten Fans der deutschen Nationalmannschaft war nach dem gewonnenen Finale 2014 in Brasilien ein gewisser Putul Bora – und das hatte einen ganz speziellen und fast unglaublichen Grund. Der Inder hatte sich im Jahre 1986 dazu entschlossen, Anhänger der deutschen Elf zu werden. Genauso gut hätte es an diesem Tage auch Argentinien treffen können, doch Putul Bora hatte sich vor dem Finale gesagt, dass er ab sofort Fan des Teams werde, das im Endspiel unterliegen würde. So weit, so gut bzw. eben nicht. Denn nachdem Deutschland bei der WM 1994 in den USA gegen Bulgarien bereits im Viertelfinale scheiterte, kaufte Bora aus Frust eine ziemlich teure Flasche Whisky und vergrub sie in seinem Garten. Als die Nationalelf seines Herzens 2002 unglücklich im Finale Brasilien unterlag, hörte der indische Lebensmittelhändler auf zu trinken und schwor sich, erst wieder einen Tropfen Alkohol anzurühren, wenn Deutschland Weltmeister würde. Doch das dauerte bekanntlich. Viele Jahre vergingen, doch dann kam der 13. Juli 2014 – und endlich die Erlösung. Mit Freunden, Kunden und Nachbarn feierte Bora ein rauschendes Fest. Auch Whisky wurde getrunken. Doch die Flasche aus dem Jahre 1994 blieb unangetastet. Sie wollte der Inder lieber für die gute Sache versteigern.

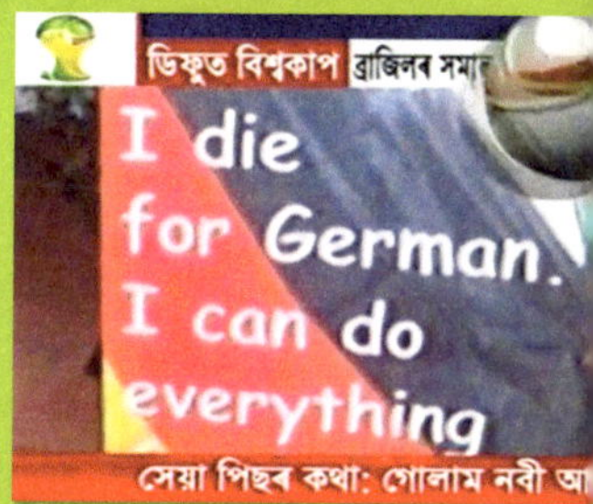

»Es hängt alles irgendwo zusammen.
Sie können sich am Hintern ein Haar ausreißen,
dann tränt das Auge.«

DETTMAR CRAMER

*Mann macht jeder Frau einen Heiratsantrag, die ein Ticket für das Spiel Leeds gegen Sheffield United hat. Bitte ein Foto beilegen (vom Ticket)!*

CHIFFRE: LIEBESSPIELER69

ANZEIGE IN DER »YORKSHIRE EVENING POST«

# Perlen des Fussballjournalismus

WM-Held Mario Götze blüht im Kreise der Nationalmannschaft wieder auf. Foto: dpa

**Götze blüht auf**

„Fühle mich wohl bei der Nationalmannschaft“

**Hengst lahmte**

Die DFB-Damen-Nationalelf „U 19“ verlor ihr Länderspiel gegen Norwegen vor rund 900 Zuschauern im Borghorst mit 0:1 (0:0). Den verdienten Siegtreffer für den Nachwuchs des Vize-Weltmeisters erzielte Linda Worre (Haugar Haugesund) zehn Minuten vor dem Abpfiff. Der Nachwuchs von Damen-Europameister Deutschland konnte Führungschancen durch Sandra Hengst (KBC Duisburg) und Sonja Landherr (Schwaben Augsburg) sowie später durch Pia Wunderlich (TSV Wattenberg) nicht nutzen.

**Falsche Rubrik**

# 0:43! Torwart verhinderte Schlimmeres

Oberhausen sah kurioses Kreisligaspiel

**+Schnitzel gingen aus+**
1550 Zuschauer sahen ein packendes Schlagerspiel in der Regionalliga Ost zwischen Amstetten und Ebreichsdorf (1:1). Einziger Wermutstropfen: Schon zur Pause gingen die Schnitzelsemmel aus.

beinbruch) und der Mexikaner Luis Montes (Schien- und Wadenbeinbruch) absagen. Der Spanier Thiago (Innenbandanriss) von Bayern München kann die WM nur vor dem Fernseher verfolgen – wie Englands Theo Walcott (Kreuzbandriss), Rafael van der Vaart (Wadenverletzung) und Kevin Strootman (Niederlande).

Heute • 12:10

**Latte statt Pfosten: Italienischer Kicker wird Porno-Star**

# ÜBERMÄCHTIG

Als ausgerechnet Zlatan Ibrahimovic das 25.000 Tor der Premier League gelang, sprach ihn nach Spielschluss ein Journalist auf diesen besonderen Rekord an.

Ibrahimovic reagierte gewohnt gelassen ob der großen Zahl: »Echt? Ich dachte, ich alleine hätte schon 25.000 geschossen!«

„MONKIE"
Ihr Maskottchen im Dress Ihres Bundes-Liga-Vereins ist da!
...ich möchte Ihr Maskottchen sein
Erhältlich in allen Spielwaren- und Sportgeschäften sowie Bundesliga-Stadien.
gegu
spielwaren

# ALTE HASEN

Der Gründer des Magazins »11FREUNDE«, Philipp Köster, sitzt am frühen Sonntagmorgen beim SPORT1-Doppelpass – neben Fußball-Urgestein Udo Lattek. Die Sendung startet. Einzeln werden die Gäste nacheinander vorgestellt. Für die TV-Zuschauer nicht zu sehen: Lattek beugt sich zu Köster rüber und sagt: »Einer von uns beiden hat den Hosenstall offen stehen – und ich bin es nicht.« Kameraschwenk auf Köster. Die Zuschauer an den Bildschirmen sehen einen jungen Mann, der sie nicht anschaut – sondern mit gesenktem Kopf sehr irritiert auf seinen Hosenstall blickt. Lattek lächelt. Und Köster erkennt: Auch sein Reißverschluss ist zu. 1:0 für den alten Hasen Udo Lattek!

# LIEBER GOTT,

du hast meine Lieblingsschauspielerin
Romy Schneider zu dir geholt.

Du hast meinen Lieblingsschwimmer
Bud Spencer zu dir genommen.

Du hast meinen Lieblingsmagazin-Herausgeber
Hugh Hefner zu dir geholt.

Du hast meinen Lieblingskomiker
Jerry Lewis zu dir genommen.

Du hast meinen Lieblingsfußballer
Johan Cruijff zu dir geholt.

Ich finde, du solltest wissen, dass ich nur
einen einzigen Lieblingsverein habe:

## DEN FC BAYERN MÜNCHEN!

macron

## ACHIM SECHZIG BOGDAHN, RADIOMODERATOR
## LIEBLINGSVEREIN: TSV 1860 MÜNCHEN
## LIEBLINGSSPIELER: THOMAS MILLER

»Grüß Gott. Mein Name ist Sechzig.« Klingt bekloppt? Ist bekloppt. Das bin ich. In meinem Personalausweis steht ganz offiziell als »Ordens- oder Künstlername: Sechzig.« Wie das kommt?

Ich LIEBE meinen Verein, mit dem ich schon so viel erlebt habe. Sechzig ist abgestiegen, als ich im Gymnasium durchgefallen bin. So etwas verbindet. Es gab unvergessene Gestalten wie Trainer Werner Lorant, der eruptiv sein konnte wie einst der isländische Vulkan Eyjafjallajökull, nur dass Lorant wesentlich mehr geraucht hat. Oder der barocke Gastronom Wildmoser, der uns das Stadiondesaster mit dem FC Bayern eingebrockt hat und der asthmatisch so Dinge röchelte wie »mir schenk'n jetzt auch esoterische Getränke im Stadion aus«. (Er wollte sagen: »Isotonisch«). Herrliche Auswärtsfahrten nach Leeds oder Parma, oder mit 17.000 anderen Bekloppten zum Viertliga(!)-Auswärtsspiel gegen 1. FC Nürnberg II, die normalerweise einen Besucherschnitt von 300 haben.

Irgendwann sah ich die kleine Zeitungsmeldung auf der »Vermischtes«-Seite: Dort stand, dass es einen Bulgaren namens Marin Sdrawkow gebe, dessen sehnlichster Wunsch schon immer war, »Manchester United«

zu heißen, Vorname »Manchester«, Nachnahme »United«, so wie seine absolute Lieblingsmannschaft. Und nach jahrelangem Kampf mit den bulgarischen Behörden habe es United bzw. Ex-Sdrawkow geschafft, sich umzubenennen.

Diese Meldung hat mich sofort elektrisiert. Wie schön wäre es, genauso wie mein Lieblingsverein zu heißen, der mich seit meiner Kindheit genauso beständig begleitet wie mein Name. Aber der Weg dahin war gar nicht so einfach. Nicht wie bei Andreas Neuendorf, dem ehemaligen Spieler von Hertha BSC, der als totaler Kunstlegastheniker mal eben eine kleine Ausstellung mit eigenen Bildern gemacht hat, unter denen »Zecke« stand, und schon hatte er hochoffiziell den Namen »Zecke« im Pass und auf dem Trikot stehen.

Also ging ich, es muss 2001 gewesen sein, auf das Münchner Kreisverwaltungsreferat (KVR), das für Namensangelegenheiten zuständig ist, und sagte, ich wolle »1860 München« heißen. Dort wurde ich erst mal nach allen Regeln der Bürokratie zusammengefaltet. Vor- und Nachname könne man sowieso nicht ändern. Echte Namensänderungen seien nur möglich, falls man »Hitler« oder »Arschloch« heiße oder so ähnlich. Und das sei ja wohl bei mir nicht der Fall, auch wenn sich mein Nachname Bogdahn ein bisschen so anhöre wie »Bobbahn« oder »Bhagwhan«, aber darum ginge es ja hier gar nicht. Und eine Zahl im Namen sei sowieso völlig unmöglich, meinte der Namensbeamte. Er könne mir nur eine Hoffnung machen: Ich könne ja »Sechzig« als Künstlernamen beantragen, nicht als Zahl »60«. Sondern nur als Wort. Dies aber wiederum nur, wenn ich über Jahre hinweg den Nachweis führe, dass mich die Menschen nur unter diesem Namen kennen. So fing alles an. Also meldete ich mich am Mikrofon bei meinen Radiosendungen im Bayerischen Rundfunk von nun an nur noch als Achim »Sechzig« Bogdahn und startete einen Aufruf. Es kamen Hunderte von Postkarten, Mails, Briefen, in denen Hörer so Dinge schrieben wie »Achim Bogdahn – wer soll das sein? Ich kenne nur Sechzig«.

Der Kampf ging jahrelang. Artikel über meine geplante Namensänderung standen in der »Süddeutschen«, in der »Hamburger Morgenpost« und im »Kosmischen Penis« (ein großartiges dadaistisches Fanzine aus Schweinfurt). Und es folgten zeitgleich viele miese Zweitligajahre, in denen man mich für meinen Namen herzlich bemitleidete. Meine Sendungen mit Mehmet Scholl (»Mehmets Schollplatten«) gaben meiner Sache Anschub.

Und dann kam der Sommertag vor zwei Jahren, als mein Personalausweis abgelaufen war und ich einen neuen für den Urlaub brauchte. Bei dieser Gelegenheit packte ich eine dicke Mappe mit Beweisen, ging zu meiner Stadtteil-Außenstelle des KVR und sagte, ich bräuchte einen neuen Personalausweis mit Künstlernamen. Die Mitarbeiterin brach in Spontantranspiration aus, stöhnte, so etwas gebe es bei ihnen höchstens einmal im Jahr, und sie müsse jetzt erst mal mit ihrem Chef reden. Nach einer halben Stunde kam sie gelöst wieder und sagte, ihr Chef sei der wohl größte FC-

Bayern-Fan auf Gottes Acker, aber der fände die Sache so bekloppt, dass er sein Okay gebe. Als ich dann Wochen später meinen Pass beim Amt abholen wollte, warteten die Beamten schon auf mich, tuschelten, kicherten und sagten, es gebe nur noch eine Kleinigkeit, die ich unterschreiben müsse. Ihr Chef hatte einen Mitgliedsantrag für den FC Bayern für mich vorbereitet. Ich habe natürlich nicht unterschrieben. Heiße aber jetzt Sechzig. Ein Leben lang.

# NAMEN 2

Tsang Ho Yin Titus aus Hongkong ist eingefleischter Löwen-Fan. Und weil seine Tochter vermutlich zudem nach einem Spiel seines TSV 1860 München gezeugt wurde, hat er seine Tochter »Giesing« – nach dem Stadtteil, in dem der TSV zu Hause ist – genannt.

»Wir haben unsere Tochter Lanesra genannt, weil es so ein schöner und einzigartiger Name ist. Erst als sie zwei Jahre alt wurde, hat mein Mann mir gesagt, dass der Name von seinem Lieblingsfußballklub stammt. Arsenal – rückwärts geschrieben.«

CLARE SMITH, BLACKTOWN

# PLATZVERBOT FÜR KONIETZKA-FRAUEN

Timo Konietzka und die Frauen – das war so eine Sache. Das Temperament hatte der Schütze des allerersten Bundesliga-Tores wohl von seiner Mutter geerbt. Bekannt wurde Emma Konietzka durch ihre Angriffe mit dem Regenschirm auf Gegenspieler ihrer drei Söhne. Weit feinfühliger war Konietzkas spätere Ehefrau. Als Trainer des Schweizer Meisters FC Zürich musste Timo einmal mitansehen, wie seine Gattin nach einem späten Siegtreffer seiner Mannschaft ohnmächtig zusammenbrach und aus dem Stadion transportiert werden musste. Konietzka mochte fortan lieber ohne nahestehende Frauen beim Fußball sein: »Es genügt, wenn ich mich bei Spielen aufrege. Inge bleibt künftig zu Hause!«

# FUSSBALLERHUMOR

Sagt Jogi Löw zu Sandro Wagner: »Du, Sandro. Wenn ich dich fragen würde, ob du bei der nächsten Partie gegen Brasilien mal ganz was anderes spielen würdest – würdest du das machen?« Sandro Wagner erwidert mit leuchtenden Augen: »Na, klaro, Trainer!« Löw: »Klasse. Dann bleib' daheim und spiel mit deinen Kindern ›Mensch ärgere dich nicht‹!«

Na Kleiner, schon mal Sado Maso Erfahrungen gemacht?
Ja sicher, ich hab `ne Dauerkarte beim VfL
BAR
BOCHUM
HILBRING

# SAMSTAGNACHMITTAG

# KEIN WEG ZU WEIT

**Ron Ulrich** @RonUlrich11 · 26 Min.

Fantastische Geschichte aus Frankfurt. Musti, bester Mann!

(aus dem Eintracht-Fanzine "Fan geht vor")

„Relegation Nürnberg. Ich hatte Frühdienst von 5:30 bis 14:00 Uhr. Schnell heim, Dusche, in die Klamotten und zwei Bier später am Treffpunkt angekommen. Keiner daaa. Panik. Ich im Bus angerufen, ja, wir sind auf der Autobahn. Wo genau? Ja, so 50 km weg! Fahrt den nächsten Rasthof an. Ich komm sofort nach. Ich in ein Taxi gesprungen. Und wir dem Bus hinterher. Zum Glück ein Taxifahrer, der wusste was los war. Und der trat auf das Gas. Ein Blitzer mit 30 zu viel auf dem Tacho konnte seine Laune nicht vermiesen. Angekommen an Bus, waren noch zwei Plätze (meiner und noch einer frei)! Ich bin an das Taxi, habe ihm gesagt, ich kann dich mitnehmen, wir haben eine Karte und können auf dem Rückweg wieder hier halten. Dem seine Augen fingen an zu tränen; er fiel uns allen um dem Hals. Musti, so heißt er, war noch nie

22

auf einem Spiel, ist aber Eintracht-Fan. Wir legten alle zusammen und kauften ihm die Karte. Seine Dankbarkeit war so groß, er bedankte sich immer wieder. Auf dem Heimweg gab es kein Halten mehr. Wir hatten nun alle gebechert. Und total vergessen, dass sein Taxi auf dem Rasthof stand. Wir waren aber schon wieder 50km davon entfernt, kurz vor Erzhausen, der Klingelbeutel ging durch die Sitze. Es langte für die Dienstaxifahrt zu seinem Auto. Noch heute fährt er regelmäßig mit!!!! Sowas liebe ich, das ist Frankfurt, das ist Eintracht!" (Yannick Walters aus Erzhausen)

5 21

# IMMER VOLL MIT DABEI

# FERNSEHFUSSBALL

TELEFUNKEN
Zwei Stars für Mexico
Ein Klasse-Mann und ein Klasse-Gerät: „PALcolor 740 T" von TELEFUNKEN. Jetzt mit 66-cm-Super-Farbbildröhre. Ein erstklassiger Farbfernseher. Erstklassig wie alle Fernseher von TELEFUNKEN. Die Portables. Die Tischgeräte. Die Standmodelle. In Schwarz/Weiß und Farbe. Suchen Sie sich Ihren Star für Mexico aus. Übrigens – in Deutschland gibt es nur einen Weg, die Fußballweltmeisterschaft farbig zu erleben – mit dem System PAL von TELEFUNKEN.
Tooore!!
Gerd Müller
Achtung Fußballfreunde!
Schaufenster des Rundfunk-Fachhandels beobachten. Wo Sie dieses Anzeigen-Motiv als Dekoration entdecken, gibt es die Sonderschallplatte »Tooore«. Harry Valérien im Gespräch mit Gerd Müller über unsere Aussichten in Mexico und Original-Ausschnitte aus den WM-Reportagen 1954 und 1966.
TELEFUNKEN
TELEFUNKEN
PAL
Farbfernseh-System
selbstverständlich TELEFUNKEN

# BRÜDER IM GEISTE

Belgiens Nationalspieler Romelu Lukaku schwärmte vor der WM 2018 im Magazin »The Players Tribune« über seinen Co-Trainer und französischen Weltmeister Thierry Henry: »Henry ist wahrscheinlich der einzige Mensch, der noch mehr Fußball schaut als ich. Wir diskutieren über alles. Ich meine, wir sitzen rum und debattieren leidenschaftlich über deutschen Zweitligafußball. Neulich habe ich ihn gefragt: ›Sag mal, hast du Fortuna Düsseldorfs Taktik gesehen?‹ Und Henry hat geantwortet: ›Sei nicht albern, na klar habe ich das.‹«

# »GO HOME TO YOUR SEXY WIVES!«

IRISCHER FANGESANG
FÜR SCHWEDISCHE FANS BEI DER EURO 2016

DISCIPLINE
IS NOT A
DIRTY WORD
RON DORFF

## MICKY BEISENHERZ, UNTERHALTUNGSFACHWIRT
## LIEBLINGSVEREIN: BORUSSIA DORTMUND
## LIEBLINGSSPIELER: ERIC CANTONA

Der Fußball ist etwas Magisches. Er hat wie kaum etwas anderes die Kraft, Wunden zu heilen. Im Zweifel die, die er selber geschlagen hat. Fußball ist sozialer Kitt und Brechstange zugleich.

Nehmen wir nur meinen Vater. Ein Mann, der nichts gegen Veränderungen hat. Solange alles so bleibt, wie es ist. Egal, ob 1.3.1984, 23.9.1999 oder 6.7.2021 – ich werde Ihnen immer sagen können, wie sein Tag war. Ihn aus seinen Gewohnheiten zu reißen, ist also nicht allzu leicht. Der Mann geht ja auch immer noch werktäglich zur Arbeit. Mit 74. (Fuck, er ist schon 74.) Unverrückbare Tagesabläufe.

Habe ich Karten für den BVB, dann allerdings wagt er den Ausbruch. Und begeistert als Parkplatztrüffelschwein. Regelmäßig findet er seinen freien, ganz besonderen Parkplatz. Den nimmt ihm keiner weg. Was daran liegen mag, dass der ca. sechs Kilometer vom Stadion entfernt ist. Im Grunde genommen könnte er eigentlich auch zu Fuß von Castrop-Rauxel zum Stadion latschen. So gut der Alte in der Horizontalen ist, so schlecht ist er in der Vertikalen. Wenn der sieht, dass ich Plätze ganz oben auf der Tribüne gekriegt habe, dann sehnt sich alles in ihm nach einem Sherpa. Während die Hüfte die Symphonie der Vernichtung knarzt. Dafür durften wir in den letzten Jahren wundervolle Schlachten gucken. Gewonnene Derbys, legendäre Unentschieden, entnervte Gladbacher – und ein Nobby Dickel immer kurz vor der Vollverklapsung.

Kindliche Freude in den Augen meines Vaters, die es so eigentlich nur meinerseits gab, wenn er mich damals mit zum Gucken zum Modellflugplatz in den Feldern nahm. Eine Umkehr der Verhältnisse. Der Junge lässt den Alten juchzen.

Allein, was mir nie gelang: Nie durfte ich mit meinen Dortmundern einen Titel im Stadion feiern. War ich im Stadion dabei, jubelten immer die anderen. Sogar Wolfsburg! Und immer wieder die Bayern. In München, in Berlin, ja, sogar Wembley haben die bajuwarischen Ballheuschrecken mir in ihrer unendlichen Gier versaut.

Aber, wie gesagt, der Fußball kann Wunden heilen, die er selber geschlagen hat, und so wurde es 2018 im so schmachvollen Olympiastadion ein Saisonabschluss, der zum Heulen schön war. Ich, mit meiner Freundin und meinen MMLern, Maik und Lucas beim Pokalfinale. Als Dortmunder im Eintracht-Gewand erlebten wir einen Rocky-Balboa-Moment. Einen Jubel beim 3:1, der selbst im Westfalenstadion selten so laut, so ekstatisch, so rebic war. Das große Gefühl, dass diese Kacksaison am Ende doch noch für eine Überraschung gut ist und im Fußball eben doch alles möglich ist. Sonst wäre er so berechenbar wie der Tagesablauf meines Vaters.

Den hätte ich an dem Abend auch gern dabei gehabt. Aber den Wagen an derselben Stelle wie immer parken und dann die 480 km rechtzeitig zum Anpfiff im Stadion zu Fuß schaffen – das hab ich ihm einfach nicht zugetraut.

Nächstes Mal im Westfalenstadion, Vadder. Zur Meisterschaft.

**Zeig Arnd** nimmt an 24. Spieltag: Werder Bremen - HSV teil – hier: Weserstadion.

24. Februar · Bremen ·

Wenn man schon vorher weiß, dass es hinterher nur einem von beiden gutgehen kann.

**Volker Keidel**
18. April ·

Wenn ein dir nicht persönlich bekannter oberbayerischer Bäcker (als Bayern-Fan) nur aufgrund deiner weinerlichen HSV-Posts beschließt, Nichtabstiegs-Semmeln zu backen, dann muss ich sagen: Puchheim, da bin i dahoam!
Danke, Martin Schönleben !

# WENN DER SOMMER
## MAL WIEDER ETWAS HEISSER IST

# DEM FUSSBALL SEINE SPRACHE

MITTEN AM POTSDAMER PLATZ

Speerwerfer Röhler trifft Joachim Löw

dam. Dieser Klub stellt ohnehin ein „offenes Buch" für Lienen dar, der sich als Fan des vom Champions League-Sieger praktizierten Systems mit drei Angriffsspitzen zu erkennen gibt.

Von Februar an tourte der deutsche Trainer durch Europa, nutzte seine Leerzeit als Lehrzeit. Um seinen Horizont zu erweitern. Um zu lernen. „Wenn ich damit aufhöre", so Lienens Maxime, „fange ich schon an, schlecht zu werden. Oder

tungweisendes, wie Lienen glaubt.

Schon lange plädiert er dafür, mit zwei, drei Kollegen gleichberechtigt zu arbeiten, statt eine Person mit allen (Miß-)Erfolgen zu identifizieren. Lienen räumt auf mit der Mystifizierung des Trainers: „Es ist ein Anachronismus zu denken, die gesamte Verantwortung müßte bei einem einzelnen liegen."

**Zweiter Stopp: AJ Auxerre.** Der französische Klub war 1993 Halbfinal-Gegner von Borussia Dort-

Im November mußte Ewald Lienen beim MSV Duisburg gehen. Jetzt wird er Co-Trainer von Jupp Heynckes auf Teneriffa. Zwischenzeitlich ging Lienen auf Tournee, informierte sich bei Spitzenklubs in England und Frankreich. Seine Eindrücke schildert er im kicker.

**Lienens Leerzeit als Lehrzeit**

Bescheidener Belgier Benteke bejubelt Blitztor bedächtig

Nach 8,1 Sekunden beim 6:0 gegen Gibraltar getroffen

ALMANCIL (dpa). Der Belgier Christian Benteke blieb nach seinem großen Abend be-

Max Merkel

Sein neues Buch exklusiv in BILD

Schüsse, Sex und Schiris

Max Merkel rechnet ab

„Der Typ mit der Papua-Frisur und dem Zie-

Samen verlässt Rohr

DJK-Trainer Alexander Samen ist zurückgetreten

# SEINER LINIE TREU BLEIBEN

# LEGENDÄRE WORTWECHSEL WM-ENDSPIEL 2014

Christoph Kramer: *»Schiri, ist dies das Finale?«*
Schiedsrichter Rizzoli: *»Ja!«*
Kramer: *»Ich muss wissen, ob das wirklich das Finale ist.«*
Rizzoli: *»Ja, das ist das WM-Finale.«*
Kramer: *»Danke, es war wichtig, das zu wissen.«*

Daraufhin informierte Rizzoli Bastian Schweinsteiger über diesen denkwürdigen Dialog. Minuten später wurde Kramer ausgewechselt. Die Vorgeschichte: Bereits in der 17. Minute war Kramer am Kopf getroffen worden. Danach lief er, sichtlich vom Zusammenprall gezeichnet, einige Minuten orientierungslos über den Platz. An diese Augenblicke hat der Weltmeister keinerlei Erinnerungen mehr. An die meiste Zeit auf der anschließenden Party kann er sich aber gut erinnern.

# IN DEN FARBEN GETRENNT, IN DER SACHE VEREINT!

Im April 2016 hielt der niederländische Fußball für einen Moment den Atem an. Bei einer Partie der zweiten niederländischen Liga klatschten die Fans der Go Ahead Eagles in der 61. Minute dem gegnerischen Keeper Jelle ten Rouwelaar vom NAC Breda unter lauten »Jelle«-Rufen aufmunternd Applaus zu. Anschließend sang das Stadion gemeinsam »You'll never walk alone«. Der Grund für die Aktion: In der Woche vor dem Spiel hatte der Torhüter seine Mutter im Alter von 61 Jahren verloren.

—

Als im März 2017 vor dem Champions-League-Spiel des BVB gegen den AS Monaco eine Bombe am Mannschaftsbus der Borussia explodierte, saß der Schock bei allen tief. Die Partie wurde abgesagt und auf den folgenden Tag verschoben. Und genau in diesem unglaublich düsteren Augenblick offenbarte sich eine tief verwurzelte, schöne Seite des Fußballs: Unter dem Hashtag #bedforawayfans boten BVB-Anhänger Gästefans einen Schlafplatz für die Nacht an. Gelebte Solidarität über alle Vereinsgrenzen hinweg!

# DAS RICHTIGE TUN!

Im Frühjahr 2018 wurde Lennart Thy zum »Player of the Match« gewählt – obwohl er bei der Partie seines Vereins VVV-Venlo beim PSV Eindhoven gar nicht auf dem Feld gestanden hatte. Die Auszeichnung bekam der Deutsche aus Respekt. Da bei Thy eine Übereinstimmung seiner DNA mit einem Leukämiepatienten festgestellt worden war, spendete der Profi unverzüglich Stammzellen – und verzichtete dafür auf seinen Einsatz. Auch in anderen Stadien in den Niederlanden honorierten Zuschauer Thys Aktion mit Beifall in der 11. Minute – die 11 ist die Rückennummer des Mannes vom VVV-Venlo.

# FUSSBALL IST UNSER LEBEN

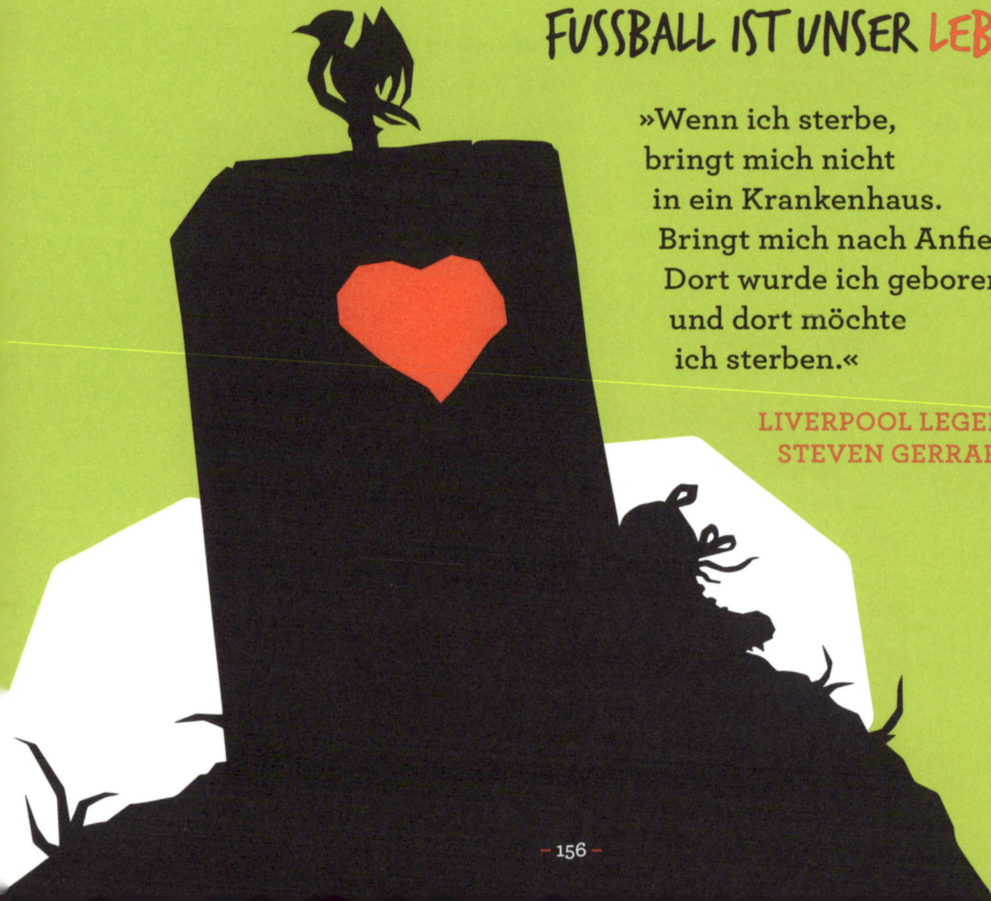

»Wenn ich sterbe,
bringt mich nicht
in ein Krankenhaus.
Bringt mich nach Anfield.
Dort wurde ich geboren,
und dort möchte
ich sterben.«

LIVERPOOL LEGENDE
STEVEN GERRARD

# FUSSBALL-SCHULE

Schreiben lernen –
auf einem Panini-Album.
*Was für ein Frevel!*
Und welcher Hund hat die
untere Ecke abgebissen?
*Man, du!*

VfL BOCHUM
VfL Bochum 1848

BEN REDELINGS

# FÜR MEINEN VATER

Manuel Neuer kann es nicht wissen, und wahrscheinlich wird es ihn auch gar nicht interessieren – aber er verdankt eine seiner Auszeichnungen in seinem Leben einzig und allein meinem Vater. Damals, im Jahr 2009, spielte Neuer noch für den FC Schalke 04. Hinten hielt der heutige Keeper des FC Bayern München die Kiste zumeist recht ordentlich sauber, doch vorne gab es ein Problem bei den Königsblauen, wie er der »Frankfurter Allgemeinen Zeitung« in einem Interview sehr pointiert anvertraute: »Wir schießen so wenig Tore, vielleicht heißen wir deshalb auch die Knappen.«

Mein Vater hatte ein Ritual. Jeden Nachmittag ab 15 Uhr saß er zu Hause im Wohnzimmer und las bei einer Tasse Tee seine Zeitung. Über vierzig Jahre war er treuer Abonnent der »FAZ«. Doch er las die Zeitung nicht nur, nein, er studierte sie. Er unterstrich Textpassagen, riss ganze Seiten raus und archivierte die schönsten und wertvollsten Artikel. Einmal in der Woche sollte auch ich von seiner Lesewut, seinem unerschöpflichen Wissensdurst profitieren. Wenn wir uns sahen, überreichte er mir stets einen Stapel der jüngsten Artikel, die er extra für mich ausgerissen, gesammelt und markiert hatte.

In einem der Texte hatte er das Zitat von Manuel Neuer speziell hervorgehoben. Es hatte ihm, dem studierten Germanisten, besonders gut gefallen. So gut, dass er mir beim Überreichen des »FAZ«-Interviews diesen Spruch des Schalke-Keepers persönlich vorlas. Danach schlug er die Seite wieder feinsäuberlich zusammen und lächelte. Ich reichte das Zitat am nächsten Tag bei der Deutschen Akademie für Fußballkultur in Nürnberg ein. Einige Wochen später wurde Manuel Neuers feines Bonmot vom Publikum zum »Fußballspruch des Jahres« gekürt. Ich glaube, mein Vater hat sich darüber gefreut. Still. Gesprochen haben wir wohl nie darüber.

Eines Tages präsentierte mir mein Vater stolz eine neue Uhr. Er hatte sich immer darüber aufgeregt, dass Neu-Abonnenten seiner Zeitung mit Prämien bedacht wurden. Aber er, der ein so langer, so treuer Leser war, wurde einfach vergessen. Niemand kam auf die Idee, ihm, der seit über vierzig Jahren mit seinen Gebühren einen kleinen, bescheidenen Beitrag leistete, dass tagtäglich diese tollen Artikel erscheinen konnten, etwas zu schenken. Irgendwann reichte es ihm und er rief bei der Hotline an. Nachdem mein Vater seinen Fall geschildert hatte, schickten sie ihm eine Uhr. Das passte! Mein Vater trug immer eine Uhr. Ich habe ihn nie ohne gesehen.

Als er im Dezember zum letzten Mal ins Krankenhaus kam, blieb auf einmal seine Uhr stehen. Es war auch der Tag, als mein Vater mit dem Zeitunglesen aufhörte. Als ich spätabends aus dem Krankenhaus nach Hause kam, habe ich mich in seinen alten Lesesessel gesetzt und geweint. Ich wusste, dass von nun an etwas für immer vorbei war. Nie wieder würde ich von meinem Vater einen Stapel ausgerissener Zeitungsseiten bekommen. Seiten, die ihm etwas bedeuteten – die uns etwas bedeuteten. Artikel, die uns unsichtbar miteinander verbanden. Die er ausriss, weil er mir damit zeigen wollte, dass er meinen Weg unterstützte. Dass er an meiner Seite ist. Immer.

In den Monaten seiner Krankheit hat sich mein Vater verändert. Der Mann, für den Kommunikation alles war, wurde immer stiller. Er haderte mit seinem Schicksal. Die täglichen Gespräche, die wir führten, so lange ich denken kann, die mich mein Leben lang begleitet haben, wurden schwieriger. Doch auf eine Sache konnten wir beide uns stets verlassen: Egal, in welcher Sackgasse wir auch gerade steckten, es rettete uns immer der Fußball. Die Gespräche über die aktuelle Situation bei unserem VfL Bochum (»Beim VfL einige gute Ansätze, ohne Aussagekraft für die Zukunft in der ›Schweineliga‹!?!«), das Rezitieren der letzten Radioreportage (»Er macht ihn, er macht ihn – der Wahnsinnige!«) oder das Sezieren der modernen Kommentatoren-Sprache (»Er nimmt noch einmal Zeit von der Uhr«) konnten wir stundenlang führen. Noch im November las er mir am Telefon die Ansprache des Co-Trainers von Arminia Bielefeld, Carsten Rump, vor, die dieser im Mai vor dem Spiel gegen Eintracht Braunschweig gehalten hatte: »Für eure Familien, für eure Kinder werdet ihr jetzt da draußen ackern vom Anfang bis zum Ende. Versprecht ihr mir das!« Mein Vater hatte sich das Video im Internet mehrmals angesehen und die filmreife Rede für mich feinsäuberlich mit dem Kuli aufgeschrieben. Es könnte ja vielleicht etwas für ein neues Buch von mir sein. Das sagte er nicht. Aber gedacht hat er es.

Als mein Vater im Dezember das letzte Mal ins Krankenhaus kam, versuchte ich ihn mit einem Gespräch über Fußball von seiner schlimmen Übelkeit abzulenken. Es gelang mir nicht. In all den Wochen danach haben wir nur noch in kurzen Halbsätzen, in verirrten Gedanken unser Thema gestreift. In dem Moment, in dem er endgültig aufhörte, über Fußball zu sprechen, war alles vorbei. Die Krankheit hatte gesiegt. Als Letztes nahm er seine Uhr vom linken Handgelenk. Meine Mutter hatte ihm ihre geliehen. Mein Vater war nie ohne Uhr.

Letzte Woche ist mein Vater gestorben. Ich weiß noch nicht, wie es ohne ihn weitergehen soll. Ich weiß nur: Immer, wenn ich von nun an Manuel Neuer sehe, werde ich an meinem Vater denken – und an all die Dinge, die ich ihm verdanke. Danke, Papa!

Bochum, im Januar 2018

# FUSSBALL
## DIE LIEBE MEINES LEBENS

An der Hand des Papas das erste Mal ins Stadion gehen. Mit den Freunden glücklich in der Kurve stehen. Die Asche des allerersten Platzes noch in den Knien tragen. Nach einem Sieg niemals nach dem Morgen fragen. Bier und Bratwurst in der Hand. Große Spiele feiern ohne Sinn und ohne Verstand. Das Kind nach der Geburt beim Verein des Herzens anmelden. Die Idole bleiben ewig unsere Helden. Sich freudetrunken in den Armen liegen. Singen, tanzen, lachen, was für ein Vergnügen. Das runde Leder als Quell all unseres Strebens. Fußball, oh du Liebe meines Lebens!

# DANKE …

… für eure wundervollen Beiträge zum Buch: Micky Beisenherz, Achim Sechzig Bogdahn, Matthias Bongard, Manfred Breuckmann, Frank Goosen, Peter Müller, Kai Traemann, Oliver Wurm, Arnd Zeigler, Joachim Król & Christoph Biermann, Oli Hilbring, Tim Kramer, Gerrit Starczewski, Ralf Heimann & Jörg Homering-Elsner, dem »kicker« und seinen Redakteuren, den vielen unbekannten Fußballverrückten & Dirk Mederer für die fabelhaften Illustrationen & die großartige Gestaltung.

# SCHLUSSWORT

**INTERVIEWER:**
*»Glauben Sie, dass man in 100 Jahren immer noch Fußball spielen wird?«*

**PELÉ:**
*»Der Fußballsport kann nicht verschwinden, höchstens, dass die ganze Welt verschwindet.«*

**PELÉ, IM JAHR 1962**

**Ben Redelings** 1975 in Bochum geboren, ist Autor und Filmemacher. Als Kolumnist schreibt er wöchentlich für die Seiten von ntv.de. Die »Deutsche Akademie für Fußballkultur« nennt ihn »den ungekrönten Meister im Aufspüren kurioser Fußballgeschichten«. Seine Fußballabende erfreuen sich seit vielen Jahren deutschlandweit großer Beliebtheit. Im Verlag Die Werkstatt hat er u.a. den Bestseller »55 Jahre Bundesliga. Das Jubiläumsalbum« veröffentlicht. Ben Redelings lebt mit seiner Familie in Bochum.

**Infos & Termine: www.scudetto.de**

MEHR VOM SELBEN AUTOR

ISBN 978-3-89533-515-0
€ 9,95

ISBN 978-3-89533-843-4
€ 9,95

ISBN 978-3-89533-745-1
€ 9,95

**55 Jahre Bundesliga – Das Jubiläumsalbum** ISBN 978-3-7307-0326-7 € 19,90

»Ben Redelings hat die Messlatte für Anekdotenbücher rund um Liga und Leder noch einmal deutlich nach oben verschoben. Layout, Bildmaterial, Textstücke und Anekdotendichte – bei Ben Redelings stimmt einfach alles.«
WESTFÄLISCHE NACHRICHTEN

ISBN 978-3-7307-0282-6
€ 9,99

ISBN 978-3-7307-0110-2
€ 9,99

ISBN 978-3-7307-0106-5
€ 9,99

ISBN 978-3-7307-0111-9
€ 9,99

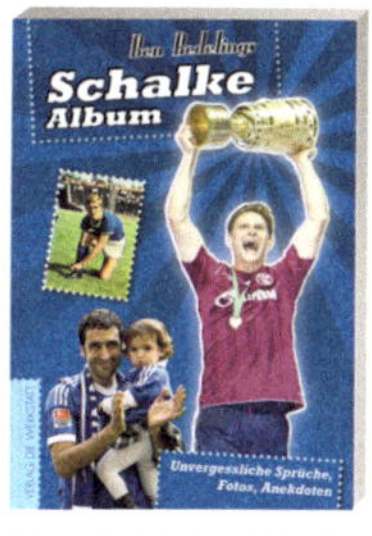


ISBN 978-3-7307-0108-9
€ 9,99

VERLAG DIE WERKSTATT

# VOLLER LIEBE

»Immer, wenn ich mit diesem verdammten Sport abschließen will, kommt er um die Ecke mit Situationen, die mich zu Tränen treiben. Dafür hasse ich ihn. Voller Liebe.«

FUSSBALLFAN CHRISTIAN GUMMIG AUF FACEBOOK NACH TONI KROOS' TOR ZUM 2:1 IN DER 95. MINUTE BEI DER WM 2018 GEGEN SCHWEDEN